U0941032

中国科学院统计年鉴

STATISTICAL YEARBOOK OF CHINESE ACADEMY OF SCIENCES

2011

中国科学院计划财务局　编

Bureau of Planning and Finance
Chinese Academy of Sciences

科学出版社
北　京
Science Press, Beijing

中国科学院统计年鉴
STATISTICAL YEARBOOK OF
CHINESE ACADEMY OF SCIENCES
2011
中国科学院计划财务局 编
科学出版社 出版
北京东黄城根北街 16 号
邮政编码: 100717
http://www.sciencep.com
中国科学院印刷厂 印刷
科学出版社出版发行
*
2011 年 11 月第 一 版 开本: 787×1092 1/16
2011 年 11 月第一次印刷 印张: 20
印数: 1—700 字数: 450 000
ISBN 978-7-03-032672-0
定价: 180.00 元
(如有印装质量问题，我社负责调换〈科印〉)

《中国科学院统计年鉴》(2011)
编委会和编辑人员

一、编委会

主　　编：邓麦村

副 主 编：孔　力

编辑委员（以姓氏笔画为序）：

王志伟　孔　力　孔繁文　邓麦村

史美奇　吕永龙　刘峰松　张　凤

张晓林　苗　鸿　索继栓　曹　凝

戚　强　崔胜先　潘　锋

二、编辑部工作人员

总 编 辑：孔　力

副总编辑：崔胜先

责任编辑：刘晓东　王丽萍

编辑人员（以姓氏笔画为序）：

王丽萍　王玲俐　王振宇　石　磊　卢景秀

毕金初　刘　红　刘　清　刘晓东　刘继昱

刘筱敏　李　衡　李猛力　杨　鹏　杨兴宪

杨红梅　吴晓东　张　洁　张　萌　罗小安

金建辉　郝　帅　侯秋菊　徐建辉　唐　炜

唐裕华　崔胜先　彭晴晴　蔺占兵　潘成利

英文翻译和审校：刘晓东　崔胜先

Members of the Editorial Committee and Editorial Office of the *Statistical Yearbook of Chinese Academy of Sciences*

编 者 说 明

一、《中国科学院统计年鉴》(2011)是一部全面反映中国科学院科技工作和各项事业发展的资料性年刊。本年鉴收录了全院及院属各单位2010年的统计数据以及历年全院主要统计数据。

二、本年鉴内容分为12个部分，即：学部，机构，人员，经费，基本建设，科技活动，人才培养与引进，专利、科技论文、获奖成果，院、所投资企业开发经营活动，院地合作，国际合作及与港、澳、台地区交流，文献情报、图书出版。主要统计指标解释附在各部分后面。

三、本年鉴资料来源于综合、业务及其他管理部门年度统计报表。

四、本年鉴部分数据合计数由于单位取舍不同产生的计算误差均未做机械调整。

五、本年鉴各部分中的“按学科分”汇总数据，均指按机构所属学科分，个别情况已另加“注”说明。

六、本年鉴由中国科学院计划财务局会同院机关有关部门及相关单位共同完成。在编辑出版过程中，编辑部得到了各方面的支持和帮助，在此一并致谢。

EDITOR'S NOTES

1. The *Statistical Yearbook of Chinese Academy of Sciences*, 2011, is an informational almanac which gives an overall description of every major aspect related to CAS's scientific and technological (S&T) activities and its development. It contains statistical data of institutions and organizations of CAS in 2010 as well as its important statistical information in the past years.

2. The Yearbook consists of the following 12 parts: academic divisions; organizations; personnel; funds; capital construction; S&T activities; talent training and recruitment; patents, S&T papers and award-winning achievements; business activities of CAS and its institution invested enterprises; CAS and locality cooperation; international cooperation, and exchanges with Hong Kong, Macao and Taiwan regions; documentation and information; and publication. Explanatory notes on key indicators are attached at the end of each part.

3. Data contained in the Yearbook are selected from the annual statistical reports of various professional and management departments of the Headquarters of CAS.

4. Details may not add to the total in some statistical tables due to rounding. No manual adjustment is made.

5. The definition "By field" in some statistical tables refers to the classification of research fields which the institutes mainly deal with, some special cases have attached notes.

6. The Yearbook is completed by the Bureau of Planning and Finance of CAS in cooperation with the relevant departments of CAS Headquarters and concerned institutions. The Editorial Committee extends its gratitude to all those who have rendered their valuable support and assistance during the preparation of this Yearbook.

目 录
CONTENTS

一、学　部

ACADEMIC DIVISIONS

1-1　历届当选的中国科学院院士(学部委员)人数按学部分布

CAS Members, by Academic Division and Election Year

单位：人　　　　(person)

年　份 Year	合计 Total	数学物理学部 Division of Mathematics and Physics	化学部 Division of Chemistry	生命科学和医学学部 Division of Life Sciences and Medicine	地学部 Division of Earth Sciences	信息技术科学部 Division of Information Technical Sciences	技术科学部 Division of Technological Sciences
总　计 Total	**1143**	**204**	**190**	**245**	**201**	**11**	**292**
1955	172	30	22	60	24		36
1957	18	6	2	5	3		2
1980	283	51	51	53	64		64
1991	210	38	35	34	35		68
1993	59	10	10	11	10		18
1995	59	10	9	12	10		18
1997	58	9	10	12	10		17
1999	55	10	8	11	10		16
2001	56	10	10	12	9		15
2003	58	10	10	11	10		17
2005	51	8	9	12	7	6	9
2007	29	6	6	7	4	1	5
2009	35	6	8	5	5	4	7

1-2　现有院士人数按学部分布(2010 年)

Present CAS Members, by Academic Division: 2010

单位：人　(person)

	合计 Total	数学物理学部 Division of Mathematics and Physics	化学部 Division of Chemistry	生命科学和医学学部 Division of Life Sciences and Medicine	地学部 Division of Earth Sciences	信息技术科学部 Division of Information Technical Sciences	技术科学部 Division of Technological Sciences
总　计 Total	**694**	**133**	**121**	**120**	**112**	**82**	**126**
其中：女性 Of which: Female	45	9	9	14	6	3	4
中国科学院 CAS	283	68	51	59	52	30	23
高等院校 Institutions of higher education	285	50	61	46	29	34	65
其他单位 Other institutions	126	15	9	15	31	18	38

注：1.另有 56 位中国科学院外籍院士。

Note: In addition, CAS has 56 foreign members.

2. 2004 年 6 月，生物学部更名为生命科学和医学学部，技术科学部划分为信息技术科学部、技术科学部。

In June 2004, Division of Biological Sciences changed its name into Division of Life Sciences and Medicine, while, Division of Technological Sciences was divided into Division of Information Technical Sciences and Division of Technological Sciences.

1-3　中国科学院院士年龄情况(2010 年)

Age Distribution of CAS Members: 2010

单位：人　(person)

	合计 Total	40~49 岁 Aged 40~49	50~59 岁 Aged 50~59	60~69 岁 Aged 60~69	70~79 岁 Aged 70~79	80~89 岁 Aged 80~89	90岁以上 Aged 90
总　计 Total	**694**	**22**	**62**	**79**	**285**	**176**	**70**
数学物理学部 Division of Mathematics and Physics	133	4	7	19	63	30	10
化学部 Division of Chemistry	121	6	21	11	31	38	14
生命科学和医学学部 Division of Life Sciences and Medicine	120	5	16	18	36	36	9
地学部 Division of Earth Sciences	112	0	9	12	58	23	10
信息技术科学部 Division of Information Technical Sciences	82	2	5	6	44	16	9
技术科学部 Division of Technological Sciences	126	5	4	13	53	33	18

1-4 中国科学院学部咨询报告
Consultation Reports Submitted by CAS Academic Divisions

年 份 Year	咨询报告和院士建议 Consultation reports and suggestions (篇) (Article)	学术和科普报告会 Academic and popular science meetings (场) (Time)
2000	29	16
2001	80	12
2002	21	27
2003	39	25
2004	49	93
2005	17	91
2006	34	115
2007	22	65
2008	40	49
2009	34	80
2010	22	78

注：学部咨询报告和院士建议是根据国家需求，由学部组织或院士个人对国家重大科学技术问题提出的咨询意见和建议。

Note: The consultation reports and suggestions submitted by CAS Academic Divisions or its individual members are, in accordance with the nation's demands, on the national major science and technology issues.

二、机　构

ORGANIZATIONS

2-1 院直属单位发展情况

Development of Units Directly under CAS

单位: 个 (unit)

年 份 Year	院直属事业单位 Institutions directly under CAS	科研机构 Research units	院直接投资的控股企业 CAS invested holding enterprises
1949	25	22	
1952	36	31	
1957	97	67	
1962	117	99	
1966	135	106	
1975	80	63	
1980	156	117	
1985	157	122	
1990	159	123	
1994	159	123	5
1995	161	124	5
1996	158	123	8
1997	157	123	10
1998	155	121	10
1999	149	115	8
2000	145	112	8
2001	120	94	18
2002	112	85	23
2003	116	89	23
2004	116	89	21
2005	115	90	21
2006	116	91	22
2007	116	91	24
2008	113	92	24
2009	117	97	24
2010	117	97	22

2-2 院直属事业单位(2010 年)
Institutions Directly under CAS: 2010

序号 No.	单位名称 Unit	序号 No.	单位名称 Unit
	合计: 117 个 Total: 117 units	13	地理科学与资源研究所 Inst. of Geographic Sciences and Natural Resources Research
	北京市:44 个 Beijing: 44 units	14	青藏高原研究所 Inst. of Tibetan Plateau Research
1	数学与系统科学研究院 Academy of Mathematics and Systems Science	15	地质与地球物理研究所 Inst. of Geology and Geophysics
2	物理研究所 Inst. of Physics	16	古脊椎动物与古人类研究所 Inst. of Vertebrate Paleontology and Paleoanthropology
3	声学研究所 Inst. of Acoustics	17	大气物理研究所 Inst. of Atmospheric Physics
4	理论物理研究所 Inst. of Theoretical Physics	18	遥感应用研究所 Inst. of Remote Sensing Application
5	理化技术研究所 Technical Inst. of Physics and Chemistry	19	植物研究所 Inst. of Botany
6	高能物理研究所 Inst. of High Energy Physics	20	动物研究所 Inst. of Zoology
7	国家天文台 National Astronomical Observatories of China	21	心理研究所 Inst. of Psychology
8	力学研究所 Inst. of Mechanics	22	微生物研究所 Inst. of Microbiology
9	化学研究所 Inst. of Chemistry	23	生物物理研究所 Inst. of Biophysics
10	生态环境研究中心 Research Center for Eco-Environmental Sciences	24	遗传与发育生物学研究所 Inst. of Genetics and Developmental Biology
11	国家纳米科学中心 National Center for Nanoscience and Technology	25	北京基因组研究所 Beijing Inst. of Genomics
12	过程工程研究所 Inst. of Process Engineering	26	计算技术研究所 Inst. of Computing Technology

续表 2-2

序号 No.	单位名称 Unit	序号 No.	单位名称 Unit
27	计算机网络信息中心 Computer Network Information Center	44	科学时报社 Science Times
			山西省: 1 个 Shanxi Province: 1 unit
28	软件研究所 Inst. of Software		
29	半导体研究所 Inst. of Semiconductors	45	山西煤炭化学研究所 Shanxi Inst. of Coal Chemistry
30	微电子研究所 Inst. of Microelectronics		辽宁省: 5 个 Liaoning Province: 5 units
31	电子学研究所 Inst. of Electronics	46	大连化学物理研究所 Dalian Inst. of Chemical Physics
32	光电研究院 Academy of Opto-Electronics	47	沈阳应用生态研究所 Shenyang Inst. of Applied Ecology
33	电工研究所 Inst. of Electrical Engineering	48	沈阳自动化研究所 Shenyang Inst. of Automation
34	工程热物理研究所 Inst. of Engineering Thermophysics	49	金属研究所 Inst. of Metal Research
35	空间科学与应用研究中心 Center for Space Science and Applied Research	50	沈阳分院 Shenyang Branch
36	自动化研究所 Inst. of Automation		吉林省: 4 个 Jilin Province: 4 units
37	对地观测与数字地球科学中心 Center for Earth Observation and Digital Earth	51	长春应用化学研究所 Changchun Inst. of Applied Chemistry
38	自然科学史研究所 Inst. of History of Natural Sciences	52	东北地理与农业生态研究所 Northeast Inst. of Geography and Agricultural Ecology
39	科技政策与管理科学研究所 Inst. of Policy and Management	53	长春光学精密机械与物理研究所 Changchun Inst. of Optics，Fine Mechanics and Physics
40	中国科学院机关 CAS Head Office	54	长春分院 Changchun Branch
41	行政管理局 Bureau of Administration and Logistics		上海市: 10 个 Shanghai: 10 units
42	中国科学院研究生院 Graduate University of Chinese Academy of Sciences	55	上海应用物理研究所 Shanghai Inst. of Applied Physics
43	国家科学图书馆(筹) National Science Library	56	上海天文台 Shanghai Observatory

续表 2-2

序号 No.	单位名称 Unit	序号 No.	单位名称 Unit
57	上海硅酸盐研究所 Shanghai Inst. of Ceramics	71	南京分院 Nanjing Branch
58	上海有机化学研究所 Shanghai Inst. of Organic Chemistry		安徽省: 2 个 Anhui Province: 2 units
59	上海生命科学研究院 Shanghai Institutes for Biological Sciences	72	合肥物质科学研究院 Hefei Institutes of Physical Sciences
60	上海微系统与信息技术研究所 Shanghai Inst. of Microsystem and Information Technology	73	中国科学技术大学 University of Science and Technology of China
61	上海光学精密机械研究所 Shanghai Inst. of Optics and Fine Mechanics		福建省: 2 个 Fujian Province: 2 units
62	上海技术物理研究所 Shanghai Inst. of Technical Physics	74	福建物质结构研究所 Fujian Inst. of Research on the Structure of Matter
63	上海药物研究所 Shanghai Inst. of Materia Medica	75	城市环境研究所 Inst. of Urban Environment
64	上海分院 Shanghai Branch		江西省: 1 个 Jiangxi Province: 1 unit
	浙江省: 1 个 Zhejiang Province: 1 unit	76	庐山疗养院 Lushan Sanatorium
65	宁波材料技术与工程研究所 Ningbo Inst. of Material Technology and Engineering		山东省: 4 个 Shandong Province: 4 units
	江苏省: 6 个 Jiangsu Province: 6 units	77	海洋研究所 Inst. of Oceanology
66	紫金山天文台 Purple Mountain Observatory	78	青岛疗养院 Qingdao Sanatorium
67	南京地理与湖泊研究所 Nanjing Inst. of Geography and Limnology	79	青岛生物能源与过程研究所 Qingdao Inst. of Bioenergy and Bioprocess Technology
68	南京地质古生物研究所 Nanjing Inst. of Geology and Palaeontology	80	烟台海岸带研究所 Yantai Inst. of Coastal Zone Research
69	南京土壤研究所 Nanjing Inst. of Soil Science		湖北省: 7 个 Hubei Province: 7 units
70	苏州纳米技术与纳米仿生研究所 Suzhou Inst. of Nano-tech and Nano-bionics	81	武汉物理与数学研究所 Wuhan Inst. of Physics and Mathematics

续表 2-2

序号 No.	单 位 名 称 Unit	序号 No.	单 位 名 称 Unit
82	武汉岩土力学研究所 Wuhan Inst. of Rock and Soil Mechanics		四川省: 4 个 Sichuan Province: 4 units
83	测量与地球物理研究所 Inst. of Geodesy and Geophysics	96	成都山地灾害与环境研究所 Chengdu Inst. of Mountain Hazards and Environment
84	武汉植物园 Wuhan Botanical Garden	97	成都生物研究所 Chengdu Inst. of Biology
85	水生生物研究所 Inst. of Hydrobiology	98	光电技术研究所 Inst. of Optics and Electronics
86	武汉病毒研究所 Wuhan Inst. of Virology	99	成都分院 Chengdu Branch
87	武汉分院 Wuhan Branch		贵州省: 1 个 Guizhou Province: 1 unit
	湖南省:1 个 Hunan Province:1 unit	100	地球化学研究所 Inst. of Geochemistry
88	亚热带农业生态研究所 Inst. of Subtropical Agriculture		云南省: 4 个 Yunnan Province: 4 units
	广东省:7 个 Guangdong Province: 7 units	101	昆明植物研究所 Kunming Inst. of Botany
89	广州地球化学研究所 Guangzhou Inst. of Geochemistry	102	西双版纳热带植物园 Xishuangbanna Tropical Botanical Garden
90	南海海洋研究所 South China Sea Inst. of Oceanology	103	昆明动物研究所 Kunming Inst. of Zoology
91	华南植物园 South China Botanical Garden	104	昆明分院 Kunming Branch
92	广州能源研究所 Guangzhou Inst. of Energy Conversion		陕西省: 4 个 Shaanxi Province: 4 units
93	广州生物医药与健康研究院 Guangzhou Institutes of Biomedicine and Health	105	国家授时中心 National Time Service Center
94	深圳先进技术研究院 Shenzhen Institutes of Advanced Technology	106	西安光学精密机械研究所 Xi’an Inst. of Optics and Precision Mechanics
95	广州分院 Guangzhou Branch	107	地球环境研究所 Inst. of Earth Environment

续表 2-2

序号 No.	单位名称 Unit	序号 No.	单位名称 Unit
108	西安分院 Xi'an Branch	113	青海盐湖研究所 Qinghai Inst. of Saline Lakes
	甘肃省: 4 个 Gansu Province: 4 units	114	西北高原生物研究所 Northwest Inst. of Plateau Biology
109	近代物理研究所 Inst. of Modern Physics		新疆维吾尔自治区: 3 个 Xinjiang Uygur Autonomous Region: 3 units
110	兰州化学物理研究所 Lanzhou Inst. of Chemical Physics	115	新疆理化技术研究所 Xinjiang Technical Inst. of Physics and Chemistry
111	寒区旱区环境与工程研究所 Cold and Arid Regions Environmental and Engineering Research Inst.	116	新疆生态与地理研究所 Xinjiang Inst. of Ecology and Geography
112	兰州分院 Lanzhou Branch	117	新疆分院 Xinjiang Branch
	青海省: 2 个 Qinghai Province: 2 units		

注: Inst.—Institute. R&D—Research and Development.

2-3 院直接投资的控股企业(2010 年)
CAS Invested Holding Enterprises: 2010

序号 No.	单 位 名 称 Unit
	合计: 22 个 Total: 22 units
	北京市: 12 个 Beijing: 12 units
1	中国科学院国有资产经营有限责任公司 CAS Holdings Co., Ltd.
2	中科实业集团(控股)有限公司 China Sciences Holdings Co., Ltd.
3	联想控股有限公司 Legend Holdings Co., Ltd.
4	东方科学仪器进出口集团有限公司 Oriental Scientific Instrument Import & Export Group Co., Ltd.
5	中国科技产业投资管理有限公司 China S&T Industry Investment Management Co.,Ltd.
6	北京中科院软件中心有限公司 CAS Beijing Software Co., Ltd.
7	中科建筑设计研究院有限责任公司 CAS Architectural Design Institute Co., Ltd.
8	北京中科资源有限公司 CAS Beijing Resources Co., Ltd.
9	北京中科印刷有限公司 CAS Beijing Printing Co., Ltd.
10	中科院科技服务有限公司 CAS S&T Service Co., Ltd.
11	中国科学出版集团有限责任公司 CAS Science Press Group Co., Ltd.
12	北京中科科仪技术发展有限责任公司 KYKY Technology Development Ltd.
	上海市：1 个 Shanghai：1 unit

序号 No.	单 位 名 称 Unit
13	上海碧科清洁能源技术有限公司 Shanghai Bi Ke Clean Energy Technology Co., Ltd.
	辽宁省:2 个 Liaoning Province : 2 units
14	中国科学院沈阳计算技术研究所有限公司 CAS Shenyang Institute of Computing Technology Co., Ltd.
15	中国科学院沈阳科学仪器研制中心有限公司 CAS Shenyang Scientific Instrument Development Co., Ltd.
	江苏省:1 个 Jiangsu Province: 1 unit
16	南京中科天文仪器有限公司 CAS Nanjing Astronomic Instrument Co., Ltd.
	四川省:3 个 Sichuan Province: 3 units
17	中国科学院成都有机化学有限公司 CAS Chengdu Organic Chemistry Co., Ltd.
18	中科院成都信息技术有限公司 CAS Chengdu Information Technology Co., Ltd.
19	成都中科唯实仪器有限责任公司 CAS Chengdu Weishi Instrument Co., Ltd.
	广东省: 3 个 Guangdong Province: 3 units
20	中科院广州化学有限公司 CAS Guangzhou Chemistry Co., Ltd.
21	中科院广州电子技术有限公司 CAS Guangzhou Electronics Technology Co., Ltd.
22	深圳中科院知识产权投资有限公司 CAS Shenzhen Intellectual Property Investment Co., Ltd.

主要统计指标解释

1. 院直属单位

院直属单位指经国家正式批准的院直属独立核算单位。独立核算单位的条件是：行政上是具有独立法人资格的单位；财务上独立核算盈亏，独立编制资金平衡表或财务预算、决算表；有权与其他单位签订合同。

2. 事业单位

事业单位指以社会公益为目的，利用国有资产从事科研、服务、教育等活动的院直属具有法人资格的组织。

3. 企业单位

企业单位指院直属从事商品生产、流通、经营和服务性经济活动，以营利为目的并在工商行政管理部门登记的独立核算单位。

Explanatory Notes on Key Indicators

1. Units directly under CAS

This refers to the independent accounting units directly under the jurisdiction of the CAS, which are established on the formal approval of the State. Independent accounting units should enjoy corporate status, assume sole responsibility for their profits or losses, compile independently their financial balance sheets or financial budgets and final accounts, have the right to sign contracts with other organizations and establish their own bank accounts.

2. Institutions

This refers to those units of corporate capacity under CAS, aiming at improving the social welfare, and utilizing the state-owned assets and resources to engage in activities such as scientific research, services, and education.

3. Enterprises

This refers to CAS independent accounting units, which are engaged in the commodity production, circulation and business activities as well as service activities with the aim of making profits and are registered in industrial and commercial administrative departments.

三、人　员
PERSONNEL

3-1 事业单位在职职工分类情况

Classification of CAS Regular Staff

单位：人 (person)

年份 Year	总计 Total	其中：女性 Of which: Female	干部 Cadres 合计 Total	专业技术人员 Professional and technical staff 小计 Subtotal	高级 Senior	中级 Middle level	初级及未定 Junior and others	行政管理人员 Administrative staff	工人 Workers
1949	575		416	345	122	112	82	71	159
1950	1063		789	562	165	206	141	227	274
1951	1494		1105	811	220	290	228	294	389
1952	5239		3014	1967	351	405	754	1047	2225
1953	7262		4382	2776	391	470	1309	1606	2880
1954	7043		4745	3296	413	493	1560	1449	2298
1955	7978		5817	4152	488	536	1953	1665	2161
1956	14209		11336	8476	731	815	3735	2860	2873
1957	17294		13347	10566	753	931	4750	2781	3947
1958	34049		21558	14979	752	938	5770	6579	12491
1959	45769		32421	20022	680	847	7103	12399	13348
1960	57976		37505	23898	736	1137	9316	13607	20471
1961	40957		28586	19128	590	1219	9794	9458	12371
1962	42143		32285	23179	623	2113	13198	9106	9858
1963	46198		35355	25264	640	2354	14866	10091	10843
1964	52775		39969	28822	696	2719	16634	11147	12806
1965	60258		44341	30835	688	2874	18375	13506	15917
1966	61681		44900	31109	693	2973	18644	13791	16781
1973	35157		24911	16407	414	1768	11289	8504	10246
1974	36635		25944	17242	408	1764	11907	8702	10691
1975	48716		33134	20749	505	1874	14675	12385	15582
1976	51824		34736	19915	429	1903	15496	14821	17088
1977	54756		36811	20592	413	1894	17357	16219	17945
1978	79755		52045	38189	1261	10380	19253	13856	27710
1979	83488	28544	55076	43058	2238	21411	19409	12018	28412
1980	84497	28897	55813	44098	2737	22795	18566	11715	28684
1981	76644	26319	50026	40239	2724	22016	15499	9787	26618
1982	78109	26728	52092	42931	3076	25267	14588	9161	26017
1983	78439	26786	52610	44295	3283	26014	14998	8315	25829
1984	80792	27615	54099	44850	3204	25526	16120	9249	26693
1985	81501	27946	55201	46056	3491	25194	17371	9145	26300

续表 3-1

年份 Year	总计 Total	其中:女性 Of which: Female	干部 Cadres 合计 Total	专业技术人员 Professional and technical staff 小计 Subtotal	高级 Senior	中级 Middle level	初级及未定 Junior and others	行政管理人员 Administrative staff	工人 Workers
1986	82326	28484	57363	49865	8358	22716	18791	7498	24963
1987	82721	28624	59667	52628	10638	23138	18852	7039	23054
1988	83969	29248	62328	55910	12010	24413	19487	6418	21641
1989	84287	29157	63499	57550	13280	24328	19942	5949	20788
1990	84848	29031	64554	59028	14574	25043	19411	5526	20294
1991	84909	29088	65179	59800	14810	24621	20369	5379	19730
1992	83909	28638	64592	59387	15612	24714	19061	5205	19317
1993	81456	27645	62930	57878	16735	24468	16675	5052	18526
1994	78295	26462	60443	55565	17267	23649	14649	4878	17852
1995	75039	25314	58021	52992	17774	22446	12772	5029	17018
1996	71763	24224	55523	47789	16712	19842	11235	7734	16240
1997	68292	23073	52721	45124	16618	18397	10109	7597	15571
1998	65003	21980	49983	42693	16031	17169	9493	7290	15020
1999	61681	20612	47264	40175	15031	15992	9152	7089	14417
2000	58683	19472	44991	38319	14542	15135	8642	6672	13692
2001	54972	18027	42601	36343	14091	13991	8261	6258	12371
2002	45561	14859	35973	30596	13081	11429	6086	5377	9588
2003	43760	14250	34673	29387	12736	10771	5880	5286	9087
2004	43162	13918	34611	29474	13058	10852	5564	5137	8551
2005	43140	13770	34923	29932	13119	11180	5633	4991	8217
2006	43446	13812	35791	30677	13532	11601	5544	5114	7655
2007	43817	13907	36648	31479	13639	12298	5542	5169	7169
2008	50340	16381	43082	37623	14772	13903	8948	5459	7258
2009	54574	17771	47486	41992	16271	15514	10207	5494	7088
2010	57849	19057	50863	45427	17649	17108	10670	5436	6986

注: 1. 1949~1978 年专业技术人员中，高级、中级、初级仅包括科研人员和高校教学人员，因此专业技术人员小计>高级+中级+初级。

Note: The data of senior, middle level and junior in the category of professional and technical staff from 1949 to 1978 only include research and technical people and teaching staff in the universities. Therefore, the total number of professional and technical staff is more than that of the senior, middle and junior level.

2. 1967~1972 年全院职工分类无统计数据。女性职工 1949~1978 年无统计数据。

The statistical data for female staff from 1949 to 1978 and that for the total CAS staff from 1967 to 1972 are not available.

3. 自 2002 年起，在职职工人数的统计范围仅指院属事业单位在编职工。

Since 2002, the number of regular staff only refers to all the regular staff of CAS institutions.

4. 自 2008 年起，事业单位在职职工人数的统计范围是指院属事业单位在编职工和项目聘用人员。

Since 2008, the number of regular staff includes both the regular staff of all CAS institutions and the staff by project contract.

3-2 事业单位在职职工及
CAS Regular Staff and

单位：人

系统及单位 System and unit	在职职工 总 计 Regular staff total	其中: 女性 Of which: Female
总计 **Total**	**57849**	**19057**
一、按系统分 By system		
(一) 科研机构 Research units		
数学、物理 Mathematics & physics	10413	2904
化学与化工 Chemistry & chemical engineering	6884	2287
地学 Earth sciences	6701	2032
生物学 Biological sciences	9677	4216
技术科学 Technological sciences	16076	4544
其他 Others	218	83
(二) 学校及公共支撑机构 Universities and public supporting organizations		
技术支撑 Supporting organizations	556	196
学校 Universities	3719	1179
文献情报、新闻出版 Documentation,information & publication	758	411
服务与福利 Service & welfare	1320	693
(三) 管理机构 Management organizations		
中国科学院本部 CAS Headquarters	520	164
地区管理部门 CAS Branches	1007	348

离退休人员情况(2010年)

Retired Personnel: 2010

(person)

干部 Cadres							工人 Workers	离、退休人员总数 Total retired personnel
合计 Total	专业技术人员 Professional and technical staff					行政管理人员 Administrative staff		
	小计 Subtotal	高级 Senior	其中：正高级 Of which: Full professorship	中级 Middle level	初级及未定 Junior and others			
50863	**45427**	**17649**	**6809**	**17108**	**10670**	**5436**	**6986**	**44236**
9049	8168	3369	1379	2977	1822	881	1364	8456
6185	5751	2302	816	2175	1274	434	699	5796
6193	5420	2544	1085	2114	762	773	508	4795
8858	7942	2842	1256	3164	1936	916	819	6587
13982	13085	4508	1494	4769	3808	897	2094	12908
215	181	99	44	71	11	34	3	118
554	531	97	14	222	212	23	2	45
3201	2780	1465	589	1060	255	421	518	2271
726	638	210	62	282	146	88	32	446
606	492	21		77	394	114	714	819
501	99	71	38	27	1	402	19	680
793	340	121	32	170	49	453	214	1315

系统及单位 System and unit	在职职工 总　计 Regular staff total	其中: 女性 Of which: Female
二、按单位分 By unit		
北京市 Beijing		
数学与系统科学研究院 Academy of Mathematics and Systems Science	342	100
物理研究所 Inst. of Physics	479	143
声学研究所 Inst. of Acoustics	736	198
理论物理研究所 Inst. of Theoretical Physics	55	15
理化技术研究所 Technical Inst. of Physics and Chemistry	437	142
高能物理研究所 Inst. of High Energy Physics	1293	439
国家天文台 National Astronomical Observatories of China	1062	295
力学研究所 Inst. of Mechanics	446	123
化学研究所 Inst. of Chemistry	562	242
生态环境研究中心 Research Center for Eco-Environmental Sciences	358	138
国家纳米科学中心 National Center for Nanoscience and Technology	156	73
过程工程研究所 Inst. of Process Engineering	423	157
地理科学与资源研究所 Inst. of Geographic Sciences and Natural Resources Research	785	261
遥感应用研究所 Inst. of Remote Sensing Application	293	100
地质与地球物理研究所 Inst. of Geology and Geophysics	648	168
青藏高原研究所 Inst. of Tibetan Plateau Research	178	56
古脊椎动物与古人类研究所 Inst. of Vertebrate Paleontology and Paleoanthropology	136	44

续表 3-2

干部 Cadres							工人 Workers	离、退休人员总数 Total retired personnel
合计 Total	专业技术人员 Professional and technical staff					行政管理人员 Administrative staff		
	小计 Subtotal	高级 Senior	其中：正高级 Of which: Full professorship	中级 Middle level	初级及未定 Junior and others			
327	262	174	111	79	9	65	15	308
426	383	268	132	62	53	43	53	521
691	641	259	84	266	116	50	45	582
54	43	33	26	8	2	11	1	39
398	350	174	72	142	34	48	39	393
1094	987	376	145	394	217	107	199	1154
959	865	371	163	260	234	94	103	554
407	371	189	65	129	53	36	39	491
535	508	284	91	138	86	27	27	553
346	322	131	53	150	41	24	12	329
156	146	53	27	52	41	10		
404	364	146	39	187	31	40	19	340
744	688	285	120	289	114	56	41	540
279	248	92	35	112	44	31	14	105
586	499	262	122	197	40	87	62	587
168	147	70	28	39	38	21	10	
136	112	72	29	29	11	24		143

系统及单位 System and unit	在职职工 总　计 Regular staff total	其中: 女性 Of which: Female
大气物理研究所 Inst. of Atmospheric Physics	404	149
植物研究所 Inst. of Botany	640	292
动物研究所 Inst. of Zoology	367	165
心理研究所 Inst. of Psychology	172	99
微生物研究所 Inst. of Microbiology	435	245
生物物理研究所 Inst. of Biophysics	472	250
遗传与发育生物学研究所 Inst. of Genetics and Developmental Biology	543	236
北京基因组研究所 Beijing Inst. of Genomics	236	120
计算技术研究所 Inst. of Computing Technology	684	218
软件研究所 Inst. of Software	553	193
半导体研究所 Inst. of Semiconductors	607	200
微电子研究所 Inst. of Microelectronics	746	245
电子学研究所 Inst. of Electronics	927	292
光电研究院 Academy of Opto-Electronics	336	119
自动化研究所 Inst. of Automation	825	259
电工研究所 Inst. of Electrical Engineering	373	106
工程热物理研究所 Inst. of Engineering Thermophysics	242	59
空间科学与应用研究中心 Center for Space Science and Applied Research	556	190
对地观测与数字地球科学中心 Center for Earth Observation and Digital Earth	297	89

续表 3-2

干部 Cadres							工人 Workers	离、退休人员总数 Total retired personnel
合计 Total	专业技术人员 Professional and technical staff					行政管理人员 Administrative staff		
	小计 Subtotal	高级 Senior	其中：正高级 Of which: Full professorship	中级 Middle level	初级及未定 Junior and others			
379	352	178	72	158	16	27	25	303
583	537	190	71	280	67	46	57	506
349	314	140	66	140	34	35	18	362
169	147	76	30	64	7	22	3	101
413	379	146	63	154	79	34	22	327
453	393	160	74	181	52	60	19	474
513	436	179	74	194	63	77	30	445
223	203	40	20	85	78	20	13	
637	604	244	58	304	56	33	47	961
534	489	143	59	178	168	45	19	215
524	484	175	78	194	115	40	83	634
649	611	185	58	222	204	38	97	556
882	850	226	68	318	306	32	45	760
326	306	121	35	115	70	20	10	10
800	774	173	63	222	379	26	25	299
340	311	136	38	120	55	29	33	370
236	209	96	31	83	30	27	6	130
536	496	227	45	190	79	40	20	472
286	258	93	31	108	57	28	11	73

系统及单位 System and unit	在职职工 总 计 Regular staff total	其中: 女性 Of which: Female
自然科学史研究所 Inst. of History of Natural Sciences	97	38
科技政策与管理科学研究所 Inst. of Science Policy and Management	121	45
中国科学院研究生院 Graduate University of Chinese Academy of Sciences	683	294
计算机网络信息中心 Computer Network Information Center	556	196
国家科学图书馆(筹) National Science Library	308	191
科学时报社 Science Times	164	95
行政管理局 Bureau of Administration and Logistics	1280	680
中国科学院本部 CAS Headquarters	520	164
山西省 Shanxi Province		
山西煤炭化学研究所 Shanxi Inst. of Coal Chemistry	558	172
辽宁省、山东省 Liaoning and Shandong Provinces		
大连化学物理研究所 Dalian Inst. of Chemical Physics	1108	358
沈阳应用生态研究所 Shenyang Inst. of Applied Ecology	402	156
沈阳自动化研究所 Shenyang Inst. of Automation	750	96
金属研究所 Inst. of Metal Research	1178	319
海洋研究所 Inst. of Oceanology	600	154
青岛生物能源与过程研究所 Qingdao Inst. of Bioenergy and Bioprocess Technology	333	84
烟台海岸带研究所 Yantai Inst. of Coastal Zone Research	160	64

续表 3-2

干　部 Cadres							工 人 Workers	离、退休人员总数 Total retired personnel
合 计 Total	专业技术人员 Professional and technical staff					行政管理人员 Adminis-trative staff		
	小 计 Subtotal	高 级 Senior	其中: 正高级 Of which: Full professorship	中 级 Middle level	初级及未定 Junior and others			
94	79	39	22	31	9	15	3	73
121	102	60	22	40	2	19		45
601	425	310	127	107	8	176	82	519
554	531	97	14	222	212	23	2	45
291	264	100	36	121	43	27	17	262
164	132	31	2	55	46	32		5
592	489	21		76	392	103	688	793
501	99	71	38	27	1	402	19	680
444	406	167	54	126	113	38	114	464
1016	953	351	114	365	237	63	92	844
367	331	145	50	131	55	36	35	346
620	573	230	71	238	105	47	130	490
943	884	349	113	310	225	59	235	836
519	458	204	94	200	54	61	81	662
316	298	70	30	140	88	18	17	
157	144	40	16	74	30	13	3	

系统及单位 System and unit	在职职工 总　计 Regular staff total	其中: 女性 Of which: Female
青岛疗养院 Qingdao Sanatorium	9	4
沈阳分院 Shenyang Branch	47	13
吉林省 Jilin Province		
长春应用化学研究所 Changchun Inst. of Applied Chemistry	885	246
东北地理与农业生态研究所 Northeast Inst. of Geography and Agricultural Ecology	345	98
长春光学精密仪器与物理研究所 Changchun Inst. of Optics, Fine Mechanics and Physics	2234	519
长春分院 Changchun Branch	49	19
上海市、福建省、浙江省 Shanghai, Fujian Province and Zhejiang Province		
上海应用物理研究所 Shanghai Inst. of Applied Physics	829	236
上海天文台 Shanghai Observatory	222	66
上海硅酸盐研究所 Shanghai Inst. of Ceramics	691	197
上海有机化学研究所 Shanghai Inst. of Organic Chemistry	523	193
上海药物研究所 Shanghai Inst. of Materia Medica	608	303
上海生命科学研究院 Shanghai Institutes for Biological Sciences	1910	928
上海微系统与信息技术研究所 Shanghai Inst. of Microsystem and Information Technology	783	226
上海光学精密机械研究所 Shanghai Inst. of Optics and Fine Mechanics	805	218
上海技术物理研究所 Shanghai Inst. of Technical Physics	771	230
福建物质结构研究所 Fujian Inst. of Research on the Structure of Matter	465	142

续表 3-2

干部 Cadres							工人 Workers	离、退休人员总数 Total retired personnel
合计 Total	专业技术人员 Professional and technical staff					行政管理人员 Administrative staff		
	小计 Subtotal	高级 Senior	其中：正高级 Of which: Full professorship	中级 Middle level	初级及未定 Junior and others			
2	1			1		1	7	3
41	16	9	5	5	2	25	6	89
758	704	303	104	301	100	54	127	798
307	253	127	59	93	33	54	38	225
1881	1832	660	205	714	458	49	353	2831
44	28	11	2	12	5	16	5	51
684	652	199	67	274	179	32	145	788
202	179	79	45	55	45	23	20	266
560	515	214	70	211	90	45	131	656
458	430	179	63	160	91	28	65	819
564	523	172	87	185	166	41	44	356
1740	1578	488	256	579	511	162	170	1410
652	609	151	64	192	266	43	131	768
634	575	230	78	213	132	59	171	847
699	648	262	100	194	192	51	72	641
442	410	99	54	158	153	32	23	335

系统及单位 System and unit	在职职工 总　计 Regular staff total	其中: 女性 Of which: Female
宁波材料技术与工程研究所 Ningbo Inst. of Material Technology and Engineering	336	111
城市环境研究所 Inst. of Urban Environment	135	35
上海分院 Shanghai Branch	203	48
江苏省 Jiangsu Province		
紫金山天文台 Purple Mountain Observatory	293	65
南京地理与湖泊研究所 Nanjing Inst. of Geography and Limnology	216	59
南京地质古生物研究所 Nanjing Inst. of Geology and Palaeontology	194	63
南京土壤研究所 Nanjing Inst. of Soil Science	290	75
苏州纳米技术与纳米仿生研究所 Suzhou Inst. of Nano-tech and Nano-bionics	384	117
南京分院 Nanjing Branch	28	10
安徽省 Anhui Province		
合肥物质科学研究院 Hefei Institutes of Physical Sciences	1791	451
中国科学技术大学 University of Science and Technology of China	3036	885
江西省 Jiangxi Province		
庐山疗养院 Lushan Sanatorium	31	9
湖北省 Hubei Province		
武汉物理与数学研究所 Wuhan Inst. of Physics and Mathematics	363	94
武汉岩土力学研究所 Wuhan Inst. of Rock and Soil Mechanics	469	90

续表 3-2

干部 Cadres							工人 Workers	离、退休人员总数 Total retired personnel
合计 Total	专业技术人员 Professional and technical staff					行政管理人员 Administrative staff		
	小计 Subtotal	高级 Senior	其中：正高级 Of which: Full professorship	中级 Middle level	初级及未定 Junior and others			
330	293	103	49	73	117	37	6	
135	111	44	20	35	32	24		
150	69	21	5	40	8	81	53	218
254	224	87	46	74	63	30	39	264
191	171	97	32	66	8	20	25	165
180	166	96	43	57	13	14	14	215
267	248	116	47	113	19	19	23	323
384	384	103	41	146	135			
26	8	5	3		3	18	2	45
1542	1404	530	207	584	290	138	249	1350
2600	2355	1155	462	953	247	245	436	1752
12	2				2	10	19	23
321	280	126	49	115	39	41	42	303
376	352	101	34	103	148	24	93	320

系统及单位 System and unit	在职职工 总　计 Regular staff total	其中: 女性 Of which: Female
测量与地球物理研究所 Inst. of Geodesy and Geophysics	130	39
武汉植物园 Wuhan Botanical Garden	272	106
水生生物研究所 Inst. of Hydrobiology	289	91
武汉病毒研究所 Wuhan Inst. of Virology	198	90
国家科学图书馆武汉分馆(筹) The Wuhan Branch of the National Science Library	99	31
武汉分院 Wuhan Branch	104	34
广东省、湖南省 Guangdong and Hunan Provinces		
广州地球化学研究所 Guangzhou Inst. of Geochemistry	299	89
南海海洋研究所 South China Sea Inst. of Oceanology	465	128
华南植物园 South China Botanical Garden	406	160
广州生物医药与健康研究院 Guangzhou Institutes of Biomedicine and Health	302	131
广州能源研究所 Guangzhou Inst. of Energy Conversion	345	134
亚热带农业生态研究所 Inst. of Subtropical Agriculture	186	69
深圳先进技术研究院 Shenzhen Institutes of Advanced Technology	640	190
广州分院 Guangzhou Branch	44	14
四川省 Sichuan Province		
成都山地灾害与环境研究所 Chengdu Inst. of Mountain Hazards and Environment	259	86

续表 3-2

干部 Cadres							工 人 Workers	离、退休人员总数 Total retired personnel
合 计 Total	专业技术人员 Professional and technical staff					行政管理人员 Administrative staff		
	小 计 Subtotal	高 级 Senior	其中：正高级 Of which: Full professorship	中 级 Middle level	初级及未定 Junior and others			
117	88	55	27	22	11	29	13	65
230	208	69	27	86	53	22	42	118
254	221	118	52	77	26	33	35	224
186	160	62	28	51	47	26	12	144
99	93	25	8	53	15	6		60
83	14	4		9	1	69	21	156
288	240	150	57	83	7	48	11	311
421	370	167	72	134	69	51	44	382
328	288	106	46	96	86	40	78	327
280	251	39	28	70	142	29	22	
311	292	90	28	88	114	19	34	155
173	162	63	28	46	53	11	13	78
640	579	152	86	160	267	61		
39	16	6	5	4	6	23	5	41
243	202	84	39	76	42	41	16	199

系统及单位 System and unit	在职职工 总　计 Regular staff total	其中: 女性 Of which: Female
成都生物研究所 Chengdu Inst. of Biology	335	128
光电技术研究所 Inst. of Optics and Electronics	1231	316
国家科学图书馆成都分馆(筹) The Chengdu Branch of the National Science Library	80	40
成都分院 Chengdu Branch	98	33
云南省、贵州省 Yunnan and Guizhou Provinces		
地球化学研究所 Inst. of Geochemistry	352	113
昆明植物研究所 Kunming Inst. of Botany	413	163
西双版纳热带植物园 Xishuangbanna Tropical Botanical Garden	332	117
昆明动物研究所 Kunming Inst. of Zoology	356	157
昆明分院 Kunming Branch	45	16
陕西省 Shaanxi Province		
地球环境研究所 Inst. of Earth Environment	106	29
西安光学精密机械研究所 Xi'an Inst. of Optics and Precision Mechanics	857	215
国家授时中心 National Time Service Center	489	126
西安分院 Xi'an Branch	43	12
甘肃省、青海省 Gansu and Qinghai Provinces		
近代物理研究所 Inst. of Modern Physics	784	188

续表 3-2

干部 Cadres							工人 Workers	离、退休人员总数 Total retired personnel
合计 Total	专业技术人员 Professional and technical staff					行政管理人员 Administrative staff		
	小计 Subtotal	高级 Senior	其中：正高级 Of which: Full professorship	中级 Middle level	初级及未定 Junior and others			
311	263	118	43	111	34	48	24	271
840	770	257	64	300	213	70	391	1210
78	66	24	6	26	16	12	2	49
80	28	8	4	16	4	52	18	209
325	270	135	54	105	30	55	27	249
388	346	117	49	129	100	42	25	251
281	230	76	25	98	56	51	51	232
305	281	77	35	95	109	24	51	147
39	5	5	3			34	6	67
106	101	42	31	28	31	5		13
682	638	205	72	233	200	44	175	650
309	244	68	28	95	81	65	180	400
41	14	9	2	4	1	27	2	36
731	680	210	75	241	229	51	53	565

系统及单位 System and unit	在职职工总计 Regular staff total	其中：女性 Of which: Female
兰州化学物理研究所 Lanzhou Inst. of Chemical Physics	563	187
寒区旱区环境与工程研究所 Cold and Arid Regions Environmental and Engineering Research Inst.	620	156
青海盐湖研究所 Qinghai Inst. of Saline Lakes	208	65
西北高原生物研究所 Northwest Inst. of Plateau Biology	180	51
国家科学图书馆兰州分馆(筹) The Lanzhou Branch of the National Science Library	107	54
兰州分院 Lanzhou Branch	202	89
新疆维吾尔自治区 Xinjiang Uygur Autonomous Region		
新疆理化技术研究所 Xinjiang Technical Inst. of Physics and Chemistry	323	133
新疆生态与地理研究所 Xinjiang Inst. of Ecology and Geography	376	141
新疆分院 Xinjiang Branch	144	60

续表 3-2

干部 Cadres							工人 Workers	离、退休人员总数 Total retired personnel
合计 Total	专业技术人员 Professional and technical staff					行政管理人员 Adminis-trative staff		
	小计 Subtotal	高级 Senior	其中：正高级 Of which: Full professorship	中级 Middle level	初级及未定 Junior and others			
500	455	211	79	135	109	45	63	393
564	490	227	90	173	90	74	56	450
182	154	61	27	46	47	28	26	265
165	145	75	27	59	11	20	15	145
94	83	30	10	27	26	11	13	70
152	90	31		51	8	62	50	213
274	251	125	30	96	30	23	49	158
348	310	117	45	144	49	38	28	181
98	52	12	3	29	11	46	46	190

3-3 事业单位在职职工年龄情况(2010 年)
Age Distribution of CAS Regular Staff: 2010

单位: 人 (person)

	合 计 Total	30岁及以下 Under 30	31~35岁 31~35	36~40岁 36~40	41~45岁 41~45	46~50岁 46~50	51~55岁 51~55	56~60岁 56~60	60岁以上 60 and above
在职职工总数 Total regular staff	**57849**	**15418**	**10061**	**6921**	**7330**	**8127**	**5483**	**3930**	**579**
科研机构 Research units	49969	14046	8888	5963	6112	6777	4478	3209	496
学校及公共支撑机构 Universities and public supporting organizations	6353	1252	1011	801	939	1042	743	495	70
管理机构 Management organizations	1527	120	162	157	279	308	262	226	13
专业技术人员 Various kinds of professional staff	**45427**	**14137**	**9262**	**5837**	**5402**	**5489**	**3032**	**1703**	**565**
科研机构 Research units	40547	13134	8325	5147	4653	4719	2604	1476	489
学校及公共支撑机构 Universities and public supporting organizations	4441	966	878	635	657	679	360	198	68
管理机构 Management organizations	439	37	59	55	92	91	68	29	8
高级职称 Senior professionals	**17649**	**355**	**2894**	**3618**	**3720**	**3629**	**1793**	**1098**	**542**
科研机构 Research units	15664	315	2657	3298	3312	3166	1531	919	466
学校及公共支撑机构 Universities and public supporting organizations	1793	38	228	301	360	411	227	160	68
管理机构 Management organizations	192	2	9	19	48	52	35	19	8

续表 3-3

	合 计 Total	30 岁及以下 Under 30	31~35 岁 31~35	36~40 岁 36~40	41~45 岁 41~45	46~50 岁 46~50	51~55 岁 51~55	56~60 岁 56~60	60 岁以上 60 and above
正高级 Full professorship	**6809**	**23**	**299**	**1057**	**1826**	**1930**	**764**	**392**	**518**
科研机构 Research units	6074	21	267	975	1667	1713	652	337	442
学校及公共支撑机构 Universities and public supporting organizations	665	2	32	81	142	195	99	46	68
管理机构 Management organizations	70			1	17	22	13	9	8
中级职称 Middle level professionals	**17108**	**5614**	**5343**	**1815**	**1336**	**1464**	**1011**	**512**	**13**
科研机构 Research units	15270	5314	4809	1515	1051	1218	877	473	13
学校及公共支撑机构 Universities and public supporting organizations	1641	277	497	268	250	212	108	29	
管理机构 Management organizations	197	23	37	32	35	34	26	10	

3-4 事业单位在职职工学位和学历情况(2010年)

CAS Regular Staff, by Academic Degree and Qualification: 2010

单位：人 (person)

	学位 Academic degrees			学历 Academic qualification				
	博士 Ph.D.	硕士 MS	学士 Bachelor	研究生 Post graduates	大学 University graduates	大专 Specialized higher school graduates	中专 Specialized secondary school graduates	其他 Others
总计 Total	**16955**	**12092**	**8855**	**29008**	**13505**	**6247**	**1748**	**7341**
科研机构 Research units	15527	10763	7515	26242	11088	5077	1428	6134
数学、物理 Mathematics & physics	3096	1926	1442	5042	2394	1163	301	1513
化学与化工 Chemistry & chemical engineering	2494	1312	1115	3764	1495	600	160	865
地学 Earth sciences	2901	956	806	3880	1251	703	139	728
生物学 Biological sciences	3323	2144	1460	5521	1970	892	237	1057
技术科学 Technological sciences	3612	4374	2670	7875	3940	1704	590	1967
其他 Others	101	51	22	160	38	15	1	4
学校及公共支撑机构 Universities and public supporting organizations	1259	1123	1069	2395	1831	895	252	980
管理机构 Management organizations	169	206	271	371	586	275	68	227

主要统计指标解释

1. 事业单位在职职工

指由本机构直接组织安排工作并支付工资的年末在册各类人员。不包括离退休人员。

2. 专业技术人员

指聘任了专业技术职务或专业技术职务见习期内的人员。

高级：指研究员、副研究员；教授、副教授；高级工程师；高级农艺师；正、副主任医(药、护、技)师；高级实验师；高级统计师；高级经济师；高级会计师；正、副编审；正、副译审；高级(主任)记者；正、副研究馆员等。

中级：指助理研究员；讲师；工程师；农艺师；主治医(药、护、技)师；实验师；统计师；经济师；会计师；编辑；翻译；记者；馆员等。

初级：指研究实习员；助教；助理工程师、技术员；助理农艺师、农业技术员；医(药、护、技)师、医(药、护、技)士；助理实验师、实验员；助理统计师、统计员；助理经济师；助理会计师、会计员；助理编辑、见习编辑；助理翻译；助理记者；助理馆员、管理员等。

3. 离、退休人员总数

指历年由本机构离、退休，并在本机构领取离、退休费的人员。

4. 学位和学历

指由人事部门或干部部门根据国家有关规定，填报的本机构职工总数中人员的学位和学历情况(均指获得的最高学位和最高学历)。

Explanatory Notes on Key Indicators

1. Regular staff

Regular staff refers to persons who are on the year-end payroll, working directly under the management of an institution or unit and receiving remuneration for their work. The retired are not included.

2. Professional and technical staff

This refers to those who have acquired professional or technical titles or who are in the probation period of those titles.

Senior: research fellow and associate research fellow, professor and associate professor, senior engineer, senior agronomist, chief (and associate chief) physician (pharmacist, nurse and technician), senior laboratorian, senior statistician, senior economist, senior accountant, senior editor and associate senior editor, translation editor and associate translation editor, senior journalist, senior librarian and associate librarian, and so on.

Middle level: research associate, lecturer, engineer, agronomist, physician (pharmacist, nurse and technician) in charge, laboratorian, statistician, economist, accountant, editor, translator, journalist, librarian, and so on.

Junior: research assistant, teaching assistant, assistant engineer, technician, assistant agronomist, agrotechnician, physician (pharmacist, nurse and technician), assistant laboratorian, laboratory technician, assistant physician (pharmacist, nurse and technician), assistant statistician, statistical clerk, assistant economist, assistant accountant, accounting clerk, assistant editor, intership,assistant translator, assistant journalist, library assistant, library clerk, and so on.

3. Total retired personnel

Total retired personnel refers to the total number of staff who retired from CAS and draw their pension from CAS.

4. Academic degrees and qualifications

This heading reflects the basic status of academic degrees and qualifications of the staff in a particular institution or unit, compiled by the personnel department according to relevant state regulations, and only the highest academic degrees and qualifications are recorded.

四、经　费

FUNDS

4-1 事业单位总收入、支出情况
Total Income and Expenditure of CAS Institutions

单位: 万元 (ten thousand yuan)

年 份 Year	总收入 Total income	比上年增长(%) Percentage of increase to that of last year	总支出 Total expenditure	比上年增长(%) Percentage of increase to that of last year
1986	89572	—	87591	13
1987	101817	13.7	93382	6.6
1988	126570	24.3	104103	11.5
1989	131026	3.5	115530	11
1990	149252	13.9	132041	14.3
1991	151004	1.2	145579	10.3
1992	188906	25.1	191372	31.5
1993	240277	27.2	237560	24.1
1994	290668	21	277266	16.7
1995	322500	11	313395	13
1996	324959	0.8	330587	5.5
1997	408797	25.8	364661	10.3
1998	493598	20.7	367110	0.7
1999	545206	10.5	426170	16.1
2000	713798	30.9	572464	34.3
2001	806083	12.9	696939	21.7
2002	1007421	25	877392	25.9
2003	977810	–2.9	990997	13
2004	1221649	24.9	1115258	12.5
2005	1275183	4.4	1241790	11.3
2006	1455250	14.1	1310501	5.5
2007	1703971	17.1	1574835	20.2
2008	2115483	24.2	1837346	16.7
2009	2286105	8.1	2369638	29
2010	2661649	16.4	2675838	12.9

注: 1. 表 4 以中国科学院财务决算口径统计。

Note: Table 4 is based on the specifications for CAS final financial accounts.

2. 1997 年起开始执行国家颁布的“科学事业单位财务制度”。

Since 1997, the “Financial System for Scientific Institutions” issued by the State has been implemented.

3. “总收入”不包括基本建设投资、教育事业费收入。

“The total income” does not include the investment of capital construction and education income.

4. 自 2001 年起，事业单位总收入和总支出中包括转制单位的财政补助收入及支出。

Since 2001, the total income and expenditure of CAS scientific institutions has included the financial subsidiary income and expenditure of these transfered institutions.

4-2 事业单位总

Total Income of

单位: 万元

系统及单位 System and unit	合 计 Total	财政补助收入 Financial subsidiary income	拨入专款 Special funds allocated
总 计 **Total**	**2661649**	**1381919**	**38167**
一、按系统分 By system			
(一) 科研机构 Research units	2361304	1220829	33105
数学、物理 Mathematics & physics	452302	290824	4011
化学与化工 Chemistry & chemical engineering	349464	185397	2441
地学 Earth sciences	294832	152792	8003
生物学 Biological sciences	479834	243555	9310
技术科学 Technological sciences	774599	340660	9113
其他 Others	10272	7601	227
(二) 学校及公共支撑机构 Universities and public supporting organizations	215581	92462	1762
技术支撑 Technical supporting organizations	43815	15817	7
学校 Universities	123225	52878	1261
文献情报、新闻出版 Documentation information & publication	32504	19841	494
服务与福利 Service & welfare	16037	3926	
(三) 管理机构 Management organizations	66232	50291	3103
中国科学院本部 CAS Headquarters	39750	31097	1038
地区管理部门 CAS Branches	26482	19194	2065
(四) 其他 Others	18534	18336	197

收入情况(2010 年)
CAS Institutions: 2010

(ten thousand yuan)

事业收入 Operating income	科研收入 Scientific research income	技术收入 Technical income	试制产品收入 Income from trial-production of products	预算外资金收入 Income from non-budgetary funds	经营收入 Business income	其他收入 Other income
1126938	**963292**	**95656**	**43598**	**9588**	**42491**	**72136**
1018622	872087	90474	43598	676	38935	49813
136300	129116	3601	1574	656	13159	8008
149837	112217	35070	1823		5096	6693
127092	118768	7456		5	3091	3853
212059	188850	15315	57		959	13951
390985	320821	29028	40144	16	16536	17305
2348	2315	4			94	3
105626	89673	4857		8080	1179	14551
27160	25910	954				831
68146	57219	2846		8080	681	260
10320	6543	1057			296	1552
					203	11908
2690	1533	325		832	2377	7772
1436	1436				740	5439
1254	97	325		832	1637	2333

系统及单位 System and unit	合 计 Total	财政补助收 入 Financial subsidiary income	拨入专款 Special funds allocated
二、按科研单位分 By institute			
北京市 Beijing	968376	480012	11414
数学与系统科学研究院 Academy of Mathematics and Systems Science	14685	10031	405
物理研究所 Inst. of Physics	35656	16253	480
声学研究所 Inst. of Acoustics	37165	14777	91
理论物理研究所 Inst. of Theoretical Physics	2991	2286	53
理化技术研究所 Technical Inst. of Physics and Chemistry	31176	16143	79
高能物理研究所 Inst. of High Energy Physics	51932	38136	1243
国家天文台 National Astronomical Observatories of China	46775	35701	282
力学研究所 Inst. of Mechanics	26161	18732	388
化学研究所 Inst. of Chemistry	32987	18007	174
生态环境研究中心 Research Center for Eco-Environmental Sciences	34996	11464	459
国家纳米科学中心 National Center for Nanoscience and Technology	9132	4770	2
过程工程研究所 Inst. of Process Engineering	21772	12677	104
地理科学与资源研究所 Inst. of Geographic Sciences and Natural Resources Research	33632	16519	1014
青藏高原研究所 Inst. of Tibetan Plateau Research	7575	5588	38
遥感应用研究所 Inst. of Remote Sensing Application	19625	7057	262
地质与地球物理研究所 Inst. of Geology and Geophysics	31733	16103	870
古脊椎动物与古人类研究所 Inst. of Vertebrate Paleontology and Paleoanthropology	5437	3387	126

续表 4-2

事业收入 Operating income	科研收入 Scientific research income	技术收入 Technical income	试制产品收入 Income from trial-production of products	预算外资金收入 Income from non-budgetary funds	经营收入 Business income	其他收入 Other income
445196	399584	23899	17971		15945	15814
4045	3807					204
18157	16856	647			386	381
18538	18425	113			3732	26
638	613					15
12614	12614				1402	938
11015	10637	192			1090	448
10533	10533				184	75
4994	4985				7	2040
14412	13465	494	453			393
22927	20374	2553				145
4360	4360					
8875	8525	215	101		29	87
15565	15565				181	353
1946	1946					2
11364	11246				485	457
14347	14347					413
1880	1620				15	29

系统及单位 System and unit	合 计 Total	财政补助收 入 Financial subsidiary income	拨入专款 Special funds allocated
大气物理研究所 Inst. of Atmospheric Physics	21610	10124	408
植物研究所 Inst. of Botany	25370	14112	762
动物研究所 Inst. of Zoology	25115	14981	396
心理研究所 Inst. of Psychology	9174	3409	198
微生物研究所 Inst. of Microbiology	18963	9763	164
生物物理研究所 Inst. of Biophysics	39586	24567	802
遗传与发育生物学研究所 Inst. of Genetics and Developmental Biology	49732	15487	466
北京基因组研究所 Beijing Inst. of Genomics	8945	4965	1
计算技术研究所 Inst. of Computing Technology	44586	16066	134
软件研究所 Inst. of Software	26129	10636	53
半导体研究所 Inst. of Semiconductors	30549	13632	109
微电子研究所 Inst. of Microelectronics	28128	8615	907
电子学研究所 Inst. of Electronics	64829	20064	134
光电研究院 Academy of Opto-Electronics	15385	9001	2
自动化研究所 Inst. of Automation	23142	8890	118
电工研究所 Inst. of Electric Engineering	18118	10384	33
工程热物理研究所 Inst. of Engineering Thermophysics	11983	7156	143
空间科学与应用研究中心 Center for Space Science and Applied Research	37276	15530	180

续表 4-2

事业收入 Operating income	科研收入 Scientific research income	技术收入 Technical income	试制产品收入 Income from trial-production of products	预算外资金收入 Income from non-budgetary funds	经营收入 Business income	其他收入 Other income
10139	9692	369			931	9
10042	9572	34				455
9522	9285				52	164
5531	2374	2871				36
8834	7076	1479			83	119
13441	12657	537			53	722
33552	33495		57		70	157
3180	2239	897				800
27071	24055	2713				1315
14203	14041	6			137	1100
13982	11694	2288			1251	1576
15257	13438	1818			3288	62
44017	24014	2521	17360		150	464
6087	6087				10	285
13154	13154				537	444
7084	7084				461	156
4177	4177				225	282
20431	20431				1029	107

系统及单位 System and unit	合 计 Total	财政补助收 入 Financial subsidiary income	拨入专款 Special funds allocated
自然科学史研究所 Inst. of History of Natural Sciences	2800	2410	129
科技政策与管理科学研究所 Inst. of Policy and Management	7472	5191	98
对地观测与数字地球科学中心 Center for Earth Observation and Digital Earth	16054	7398	107
山西省 Shanxi Province	24945	13940	49
山西煤炭化学研究所 Shanxi Inst. of Coal Chemistry	24945	13940	49
辽宁省、山东省 Liaoning and Shandong Provinces	187639	90271	2552
大连化学物理研究所 Dalian Inst. of Chemical Physics	55410	26490	382
沈阳应用生态研究所 Shenyang Inst. of Applied Ecology	12419	7265	144
沈阳自动化研究所 Shenyang Inst. of Automation	35322	10580	119
金属研究所 Inst. of Metal Research	47803	25412	142
海洋研究所 Inst. of Oceanology	36685	20524	1766
吉林省 Jilin Province	137411	65264	772
长春应用化学研究所 Changchun Inst. of Applied Chemistry	35939	24722	408
东北地理与农业生态研究所 Northeast Inst. of Geography and Agricultural Ecology	8780	5684	113
长春光学精密机械与物理研究所 Changchun Inst. of Optics, Fine Mechanics and Physics	92692	34858	251
上海市、福建省、浙江省 Shanghai, Fujian Province, and Zhejiang Province	487000	268167	8083
上海应用物理研究所 Shanghai Inst. of Applied Physics	37570	31938	108
上海天文台 Shanghai Observatory	21232	12504	48

续表 4-2

事业收入 Operating income					经营收入 Business income	其他收入 Other income
	科研收入 Scientific research income	技术收入 Technical income	试制产品收入 Income from trial-production of products	预算外资金收入 Income from non-budgetary funds		
203	181	4			57	
2144	2134				37	3
6935	2786	4148			63	1552
7166	5312	1812			3767	24
7166	5312	1812			3767	24
91210	49222	23084	18241		147	3459
27494	14008	12907	387		104	940
4957	4447	232				53
24060	10300	4954	8741			563
21780	7872	4667	9113			469
12919	12595	324			43	1434
68781	65808	2720	4	20	323	2271
10753	8342	2300	4		46	10
2983	2543	420		5		
55045	54923			16	277	2260
189263	155168	27126	5808		11302	10184
3520	2708	785			2000	4
7708	7705				951	20

系统及单位 System and unit	合 计 Total	财政补助收 入 Financial subsidiary income	拨入专款 Special funds allocated
上海硅酸盐研究所 Shanghai Inst. of Ceramics	53425	22343	250
上海有机化学研究所 Shanghai Inst. of Organic Chemistry	36751	21151	190
上海生命科学研究院 Shanghai Institutes for Biological Sciences	93044	58536	960
上海微系统与信息技术研究所 Shanghai Inst. of Microsystem and Information Technology	57310	36340	94
上海光学精密机械研究所 Shanghai Inst. of Optics and Fine Mechanics	44217	24217	122
上海技术物理研究所 Shanghai Inst. of Technical Physics	55205	23204	219
上海药物研究所 Shanghai Inst. of Materia Medica	53720	18784	2265
福建物质结构研究所 Fujian Inst. of Research on the Structure of Matter	19987	13055	309
宁波材料技术与工程研究所 Ningbo Inst. of Material Technology and Engineering	14540	6095	3518
江苏省 Jiangsu Province	61317	33432	586
紫金山天文台 Purple Mountain Observatory	20211	13397	72
南京地理与湖泊研究所 Nanjing Inst. of Geography and Limnology	12863	5279	73
南京地质古生物研究所 Nanjing Inst. of Geology and Palaeontology	9305	5690	310
南京土壤研究所 Nanjing Inst. of Soil Science	18938	9066	131
安徽省 Anhui Province	60265	33819	548
合肥物质科学研究院 Hefei Institutes of Physical Sciences	60265	33819	548
湖北省 Hubei Province	65330	33382	192
武汉物理与数学研究所 Wuhan Inst. of Physics and Mathematics	9877	7179	44

续表 4-2

事业收入 Operating income	科研收入 Scientific research income	技术收入 Technical income	试制产品收入 Income from trial-production of products	预算外资金收入 Income from non-budgetary funds	经营收入 Business income	其他收入 Other income
29564	23395	6077			512	755
12666	5048	6547	877		244	2499
32192	29486	2100				1356
13871	8323	2675	2873		5836	1169
18643	17763	834			1202	34
29258	25979	1223	2057		409	2115
31997	26189	5652				674
4946	4281	630			149	1529
4898	4292	605				29
25382	24945	145			683	1234
6471	6405				15	257
6870	6854					641
2672	2404	145			517	116
9370	9282				152	220
19950	17394	1805		656	3360	2588
19950	17394	1805		656	3360	2588
29925	28696	178			59	1772
2107	2056					547

系统及单位 System and unit	合 计 Total	财政补助收 入 Financial subsidiary income	拨入专款 Special funds allocated
武汉岩土力学研究所 Wuhan Inst. of Rock and Soil Mechanics	15430	6535	60
测量与地球物理研究所 Inst. of Geodesy and Geophysics	2957	2166	17
武汉植物园 Wuhan Botanical Garden	7734	4258	18
水生生物研究所 Inst. of Hydrobiology	18204	8662	30
武汉病毒研究所 Wuhan Inst. of Virology	11128	4582	23
广东省、湖南省 Guangdong and Hunan Provinces	97852	51578	6937
广州地球化学研究所 Guangzhou Inst. of Geochemistry	15581	8167	966
南海海洋研究所 South China Sea Inst. of Oceanology	25353	9931	1276
华南植物园 South China Botanical Garden	14497	8105	1831
广州能源研究所 Guangzhou Inst. of Energy Conversion	27345	17619	2212
广州生物医药与健康研究院 Guangzhou Institutes of Biomedicine and Health	9277	4297	644
亚热带农业生态研究所 Inst. of Subtropical Agriculture	5800	3459	9
四川省 Sichuan Province	73885	30291	305
成都山地灾害与环境研究所 Chengdu Inst. of Mountain Hazards and Environment	10068	4533	52
成都生物研究所 Chengdu Inst. of Biology	10185	5174	66
光电技术研究所 Inst. of Optics and Electronics	53632	20585	188
云南省、贵州省 Yunnan and Guizhou Provinces	53772	28765	590
昆明植物研究所 Kunming Inst. of Botany	21494	9610	230

续表 4-2

事业收入 Operating income	科研收入 Scientific research income	技术收入 Technical income	试制产品收入 Income from trial-production of products	预算外资金收入 Income from non-budgetary funds	经营收入 Business income	其他收入 Other income
8633	8633					202
654	654					120
2812	1762	83				646
9405	9323	60				107
6315	6269	35			59	148
36076	29390	5357			1006	2255
6114	6100				334	
14026	8707	5277			120	
3870	2602	32			290	401
5567	5547	20			262	1686
4274	4224	29				63
2226	2210					106
39458	38609	849			125	3706
5299	5299					184
2956	2663	292				1991
31203	30647	556			125	1531
18981	14430	1611			43	5393
6365	6207	71				5288

系统及单位 System and unit	合 计 Total	财政补助收 入 Financial subsidiary income	拨入专款 Special funds allocated
昆明动物研究所 Kunming Inst. of Zoology	11397	5994	98
西双版纳热带植物园 Xishuangbanna Tropical Botanical Garden	9421	5209	41
地球化学研究所 Inst. of Geochemistry	11461	7952	221
陕西省 Shaanxi Province	44183	25462	557
西安光学精密机械研究所 Xi'an Inst. of Optics and Precision Mechanics	30355	14380	329
地球环境研究所 Inst. of Earth Environment	4736	3114	218
国家授时中心 National Time Service Center	9092	7969	10
甘肃省、青海省 Gansu and Qinghai Provinces	79962	55375	399
近代物理研究所 Inst. of Modern Physics	25194	20608	85
兰州化学物理研究所 Lanzhou Inst. of Chemical Physics	16516	12701	66
寒区旱区环境与工程研究所 Cold and Arid Regions Environmental and Engineering Research Inst.	21008	13104	139
青海盐湖研究所 Qinghai Inst. of Saline Lakes	7604	4076	48
西北高原生物研究所 Northwest Inst. of Plateau Biology	5691	3268	33
兰州地质研究所 Lanzhou Inst. of Geology	3948	1618	29
新疆维吾尔自治区 Xinjiang Uygur Autonomous Region	19368	11069	122
新疆理化技术研究所 Xinjiang Technical Inst. of Physics and Chemistry	6891	4815	16
新疆生态与地理研究所 Xinjiang Inst. of Ecology and Geography	12477	6253	106

注: 1. 除“财政补助收入”外，其他各项收入均不含本单位转拨外单位经费。

Note: Except "the financial subsidiary income", all other incomes do not include funds allocated by the institution

2. 由于青岛生物能源与过程研究所、烟台海岸带研究所、城市环境研究所、苏州纳米技术与纳米仿生

The Qingdao Inst. of Bioenergy and Bioprocess Technology, Yantai Inst. of Coastal Zone Research, Inst. of the financial account is still hanging in the other units, it is not listed separately.

续表 4-2

事业收入 Operating income					经营收入 Business income	其他收入 Other income
	科研收入 Scientific research income	技术收入 Technical income	试制产品收入 Income from trial-production of products	预算外 资金收入 Income from non-budgetary funds		
5262	4722	189				42
4119	927	726				53
3235	2573	625			43	10
16606	16559				1276	282
14263	14215				1276	107
1331	1331					73
1012	1012					102
22571	18914	1890	1574		900	717
4425	2792	59	1574		32	43
3632	3547	53			105	12
7404	7244				354	7
3043	1561	1482			139	299
1840	1840				201	349
2226	1930	296			68	6
8058	8058					119
1941	1941					119
6118	6118					

to other units.
研究所、深圳先进技术研究院财务账户仍然下挂在其他单位，故未单独列出。
Urban Environment, Suzhou Inst. of Nano-tech and Nano-bionics, Shenzhen Institutes of Advanced Technology under

4-3 事业单位总

Total Expenditure of

单位：万元

系统及单位 System and institute	合 计 Total	人员支出 Personnel expenditure	基本工资 Basic salary	补助工资 Subsidiary salary	其他工资 Other salaries
总 计 Total	**2675838**	**871936**	**79038**	**182717**	**172536**
一、按系统分 By system					
(一) 科研机构 Research units	2374851	781024	70336	167789	158472
数学、物理 Mathematics & physics	459428	157239	15242	35535	30679
化学与化工 Chemistry & chemical engineering	360121	121951	9602	25033	25324
地学 Earth sciences	316979	101128	11183	22715	22546
生物学 Biological sciences	478497	162664	13745	38401	25395
技术科学 Technological sciences	747586	234886	20119	45260	53837
其他 Others	12239	3156	445	844	691
(二) 学校及公共支撑机构 Universities and public supporting organizations	219658	48239	5168	9206	10022
技术支撑 Technical supporting organizations	56941	12907	820	1521	3741
学校 Universities	114239	20825	1246	5575	3810
文献情报、新闻出版 Documentation, information & publication	33344	8688	1012	2097	1988
服务与福利 Service & welfare	15135	5818	2090	13	484
(三) 管理机构 Management organizations	62396	29616	3534	5682	4021
中国科学院本部 CAS Headquarters	36666	15508	1945	2869	1948
地区管理部门 CAS Branches	25730	14108	1589	2813	2073

支出情况(2010 年)

CAS Institutions: 2010

(ten thousand yuan)

社会保障费 Social security expenditure	公用支出 Public expenditure	公务费 Official business spending	业务费 Expenditure for professional activity	设备购置费 Expenditure for purchasing equipment	修缮费 Renovation fees	专款支出 Designated expenditure	经营支出 Operating expenses	结转自筹基建 Balanced and transferred self-raised capital construction funds
340936	**1686355**	**157575**	**1024935**	**406510**	**95192**	**33393**	**39429**	**44724**
299127	1489177	135904	919929	352880	82620	29066	36160	39424
60274	278252	27348	147575	85245	18409	6026	11711	6199
47212	219562	30143	114409	63788	12666	2360	4523	11725
32604	199062	19725	126870	43011	9633	8635	3070	5084
64959	300837	27133	188130	72878	12460	7126	911	6959
93122	482655	31169	338413	87485	29403	4713	15875	9457
956	8808	385	4532	472	48	205	70	
17234	163971	16932	81963	52818	10249	1390	1121	4937
3210	39440	2355	22105	16982	1302	7		4587
7746	91657	11178	51443	21204	2707	1109	648	
3222	23752	2408	6575	14359	227	274	279	350
3054	9123	992	1841	272	6013		194	
12351	27492	4319	21321	775	1055	2777	2149	363
5209	19491	1238	17418	315	472	968	699	
7142	8001	3080	3903	460	583	1809	1450	363

系统及单位 System and institute	合 计 Total	人员支出 Personnel expenditure	基本工资 Basic salary	补助工资 Subsidiary salary	其他工资 Other salaries
(四) 其 他 Others	18933	13057		40	20
二、按科研单位分 By institute					
北京市 Beijing	965335	297530	27312	61043	75789
数学与系统科学研究院 Academy of Mathematics and Systems Science	17002	7546	695	1932	1693
物理研究所 Inst. of Physics	34891	10570	856	1725	2957
声学研究所 Inst. of Acoustics	35995	12001	1175	2021	2942
理论物理研究所 Inst. of Theoretical Physics	3325	1385	142	305	361
理化技术研究所 Technical Inst. of Physics and Chemistry	31812	8810	907	1519	2667
高能物理研究所 Inst. of High Energy Physics	56680	20143	1874	6764	2476
国家天文台 National Astronomical Observatories of China	44582	14896	1208	4053	4772
力学研究所 Inst. of Mechanics	21587	6805	644	1227	1487
化学研究所 Inst. of Chemistry	32313	11332	922	2139	2247
生态环境研究中心 Research Center for Eco-Environmental Sciences	36271	8245	766	961	1988
国家纳米科学中心 National Center for Nanoscience and Technology	9014	2115	168	516	669
过程工程研究所 Inst. of Process Engineering	28605	8580	612	1429	2803
地理科学与资源研究所 Inst. of Geographic Sciences and Natural Resources Research	35505	13166	1108	2729	3279
青藏高原研究所 Inst. of Tibetan Plateau Research	7747	2073	167	686	701
遥感应用研究所 Inst. of Remote Sensing Application	20630	4722	375	562	2044

续表 4-3

社会保障费 Social security expenditure	公用支出 Public expenditure	公务费 Official business spending	业务费 Expenditure for professional activity	设备购置费 Expenditure for purchasing equipment	修缮费 Renovation fees	专款支出 Designated expenditure	经营支出 Operating expenses	结转自筹基建 Balanced and transferred self-raised capital construction funds
12224	5715	420	1722	38	1268	161		
97381	630907	69867	383230	143388	31707	13456	13837	9605
2269	8811		7219	1549	38	311		334
3192	20835	2016	8986	9079	754	1019	382	2085
4257	21510	1295	14936	4562	771	110	2374	
304	1887	255	1263	326	35	53		
2601	21973	178	14225	6785	857	52	977	
7756	32240	6722	10988	10553	3767	2849	1448	
3867	29119	1069	15027	9417	3605	383	184	
2694	14387	1477	9874	2412	1008	388	7	
4319	19834	12525	1453	5699	157	174		973
2195	25593	6979	14336	4168	400	433		2000
318	6897	444	3501	2030	921	2		
2719	19213	1552	7835	9222	724	132	29	651
3848	21131	1905	15712	2522	986	1027	181	
228	5660	853	2639	1986	173	14		
1084	14554	218	11309	2312	696	277	477	600

系统及单位 System and institute	合 计 Total	人员支出 Personnel expenditure	基本工资 Basic salary	补助工资 Subsidiary salary	其他工资 Other salaries
地质与地球物理研究所 Inst. of Geology and Geophysics	31334	9567	1429	1611	1475
古脊椎动物与古人类研究所 Inst. of Vertebrate Paleontology and Paleoanthropology	6001	2732	291	597	545
大气物理研究所 Inst. of Atmospheric Physics	22391	7010	650	1508	2090
植物研究所 Inst. of Botany	26883	10464	957	2392	2478
动物研究所 Inst. of Zoology	25984	7313	556	1733	1522
心理研究所 Inst. of Psychology	9932	3567	293	1154	760
微生物研究所 Inst. of Microbiology	20693	7693	670	1651	1772
生物物理研究所 Inst. of Biophysics	34577	7881	656	1394	1702
遗传与发育生物学研究所 Inst. of Genetics and Developmental Biology	50162	10024	909	2678	1998
北京基因组研究所 Beijing Inst. of Genomics	9197	2799	845	308	553
计算技术研究所 Inst. of Computing Technology	42781	15350	1303	2042	4111
软件研究所 Inst. of Software	27342	5901	587	946	1959
半导体研究所 Inst. of Semiconductors	30527	10520	890	2252	2365
微电子研究所 Inst. of Microelectronics	26202	9642	846	1536	2160
电子学研究所 Inst. of Electronics	50658	14155	861	1932	5400
光电研究院 Academy of Opto-Electronics	13146	3114	347	865	916
自动化研究所 Inst. of Automation	23343	9044	1165	2217	2027
电工研究所 Inst. of Electric Engineering	18906	6396	499	1570	1328
工程热物理研究所 Inst. of Engineering Thermophysics	11196	3580	478	711	720

续表 4-3

社会保障费 Social security expenditure	公用支出 Public expenditure	公务费 Official business spending	业务费 Expenditure for professional activity	设备购置费 Expenditure for purchasing equipment	修缮费 Renovation fees	专款支出 Designated expenditure	经营支出 Operating expenses	结转自筹基建 Balanced and transferred self-raised capital construction funds
3205	20897	5211	11326	3664	1141	870		
948	3108	456	1636	736	280	146	15	
2090	14125		10487	3306	332	338	918	
3047	15125	1107	9681	3706	572	1007		287
2261	18163	3268	7746	6657	457	456	52	
898	5928	3946	758	830	402	208		229
2767	12818	1351	7370	3556	287	168	14	
2659	26080	3490	11522	9232	2037	563	53	
2651	39613	437	33260	5317	486	466	59	
488	6398	596	3639	1270	893			
6805	27289	833	21536	4073	822	103		39
2384	21321	234	18848	1751	484	35	85	
3760	18795	1050	11798	3499	2448	99	1113	
4097	12571	1658	8446	2192	274	710	3279	
5097	36398	1805	24923	7021	2742	97	8	
795	10021	494	7286	2066	174	1	10	
2564	13489	1671	10025	1363	431	273	537	
2564	12211	594	8587	2813	200	33	266	
1194	6696	409	5075	1158	31	156	207	557

系统及单位 System and institute	合 计 Total	人员支出 Personnel expenditure	基本工资 Basic salary	补助工资 Subsidiary salary	其他工资 Other salaries
空间科学与应用研究中心 Center for Space Science and Applied Research	38244	10283	613	1571	3908
自然科学史研究所 Inst. of History of Natural Sciences	2836	1252	199	315	187
科技政策与管理科学研究所 Inst. of Policy and Management	9402	1903	245	530	504
对地观测与数字地球科学中心 Center for Earth Observation and Digital Earth	17635	4950	401	963	2221
山西省 Shanxi Province	26052	6835	874	1618	1224
山西煤炭化学研究所 Shanxi Inst. of Coal Chemistry	26052	6835	874	1618	1224
辽宁省、山东省 Liaoning and Shandong Provinces	207541	60135	5709	15621	11515
大连化学物理研究所 Dalian Inst. of Chemical Physics	68361	18919	1452	3518	4526
沈阳应用生态研究所 Shenyang Inst. of Applied Ecology	11992	4531	707	1349	215
沈阳自动化研究所 Shenyang Inst. of Automation	35996	9029	781	3262	1141
金属研究所 Inst. of Metal Research	46908	14693	1254	3662	3355
海洋研究所 Inst. of Oceanology	44284	12962	1516	3829	2277
吉林省 Jilin Province	139252	46989	3879	6828	13853
长春应用化学研究所 Changchun Inst. of Applied Chemistry	33350	15893	1302	2513	6072
东北地理与农业生态研究所 Northeast Inst. of Geography and Agricultural Ecology	9972	3926	540	1255	441
长春光学精密机械与物理研究所 Changchun Inst. of Optics，Fine Mechanics and Physics	95930	27170	2037	3060	7340
上海市、福建省、浙江省 Shanghai, Fujian Province, and Zhejiang Province	465622	175553	10789	34183	20209
上海应用物理研究所 Shanghai Inst. of Applied Physics	38370	15397	735	1605	1659
上海天文台 Shanghai Observatory	21233	6475	386	1114	1141

续表 4-3

社会保障费 Social security expenditure	公用支出 Public expenditure	公务费 Official business spending	业务费 Expenditure for professional activity	设备购置费 Expenditure for purchasing equipment	修缮费 Renovation fees	专款支出 Designated expenditure	经营支出 Operating expenses	结转自筹基建 Balanced and transferred self-raised capital construction funds
3522	25740	2408	18211	3717	1404	129	1029	1063
490	1413	153	1016	207	37	126	45	
466	7394	232	3516	264	11	80	25	
980	11667	975	7238	2366	864	169	63	786
2465	15755	1543	10699	2065	1553	34	3428	
2465	15755	1543	10699	2065	1553	34	3428	
21968	135189	6947	89849	34208	4033	3577	147	8493
7639	43880	625	27287	15606	296	358	104	5100
1788	7363	800	5376	1033	140	98		
3292	26745	3080	21462	1770	433	85		137
5037	31217	1382	20469	6470	2848	142		856
4213	25985	1060	15254	9328	316	2894	43	2400
18036	91242	3530	71989	13357	2361	698	323	
4014	17003	3199	7388	4967	1449	408	46	
1379	5970	331	3646	1200	788	76		
12642	68269		60955	7191	124	214	277	
94557	265515	20546	151111	77305	17695	2351	11010	11193
10736	20873	10296	3160	6416	1001	118	1982	
3464	12269		9113	2329	819	48	951	1490

系统及单位 System and institute	合 计 Total	人员支出 Personnel expenditure	基本工资 Basic salary	补助工资 Subsidiary salary	其他工资 Other salaries
上海硅酸盐研究所 Shanghai Inst. of Ceramics	49560	17788	942	2812	3161
上海有机化学研究所 Shanghai Inst. of Organic Chemistry	32679	15417	828	4114	842
上海生命科学研究院 Shanghai Institutes for Biological Sciences	99512	45412	2843	10240	4057
上海微系统与信息技术研究所 Shanghai Inst. of Microsystem and Information Technology	42303	13858	1553	1205	2962
上海光学精密机械研究所 Shanghai Inst. of Optics and Fine Mechanics	46317	16269	887	2614	1661
上海技术物理研究所 Shanghai Inst. of Technical Physics	55387	19881	1160	3372	2598
上海药物研究所 Shanghai Inst. of Materia Medica	48250	14152	464	3218	561
福建物质结构研究所 Fujian Inst. of Research on the Structure of Matter	21103	7225	707	2215	868
宁波材料技术与工程研究所 Ningbo Inst. of Material Technology and Engineering	10911	3680	285	1673	699
江苏省 Jiangsu Province	63420	20184	2064	4247	4242
紫金山天文台 Purple Mountain Observatory	22903	6900	977	1689	1375
南京地理与湖泊研究所 Nanjing Inst. of Geography and Limnology	13068	3752	283	793	846
南京地质古生物研究所 Nanjing Inst. of Geology and Palaeontology	9367	3752	343	604	919
南京土壤研究所 Nanjing Inst. of Soil Science	18083	5780	461	1160	1102
安徽省 Anhui Province	62965	19619	2401	5296	2524
合肥物质科学研究院 Hefei Institutes of Physical Sciences	62965	19619	2401	5296	2524
湖北省 Hubei Province	68244	25220	2665	4802	5984
武汉物理与数学研究所 Wuhan Inst. of Physics and Mathematics	10788	4738	596	995	695

续表 4-3

社会保障费 Social security expenditure	公用支出 Public expenditure	公务费 Official business spending	业务费 Expenditure for professional activity	设备购置费 Expenditure for purchasing equipment	修缮费 Renovation fees	专款支出 Designated expenditure	经营支出 Operating expenses	结转自筹基建 Balanced and transferred self-raised capital construction funds
9663	29011	794	17858	6514	3750	250	511	2000
7672	16924	411	11735	4447	1367	169	169	
23089	53540	1820	33715	16066	2115	344		216
6819	22546	1626	13318	5770	1832	63	5836	
10021	26696	1646	15812	7531	1702	122	1148	2082
11552	34367	782	21132	9603	2850	219	409	511
8440	30041	1722	18193	9376	729	163		3894
2501	12564	1091	4610	5472	1448	309	5	1000
598	6686	359	2466	3779	81	545		
7896	42118	1668	24663	13418	2168	439	679	
2283	15921	598	4566	9678	1003	72	10	
1448	9252	264	6706	1920	247	64		
1744	4906	594	3661	410	232	192	517	
2421	12039	212	9730	1410	687	112	152	
7588	37940	792	24946	10326	1426	402	3364	1640
7588	37940	792	24946	10326	1426	402	3364	1640
8203	41519	4630	27847	8396	1283	205	59	1241
1693	5993	835	3132	1921	105	57		

系统及单位 System and institute	合计 Total	人员支出 Personnel expenditure	基本工资 Basic salary	补助工资 Subsidiary salary	其他工资 Other salaries
武汉岩土力学研究所 Wuhan Inst. of Rock and Soil Mechanics	15606	7519	699	1209	2531
测量与地球物理研究所 Inst. of Geodesy and Geophysics	3671	2026	244	440	373
武汉植物园 Wuhan Botanical Garden	7906	3354	392	1090	571
水生生物研究所 Inst. of Hydrobiology	18801	4704	366	433	1201
武汉病毒研究所 Wuhan Inst. of Virology	11472	2879	369	635	614
广东省、湖南省 Guangdong and Hunan Provinces	105527	35347	3561	10734	7906
广州地球化学研究所 Guangzhou Inst. of Geochemistry	16982	5391	583	1003	1541
南海海洋研究所 South China Sea Inst. of Oceanology	27367	8064	749	1747	2171
华南植物园 South China Botanical Garden	15221	6514	534	1887	1048
广州能源研究所 Guangzhou Inst. of Energy Conversion	28072	10414	1253	4406	1953
广州生物医药与健康研究院 Guangzhou Institutes of Biomedicine and Health	11793	3055	173	1139	902
亚热带农业生态研究所 Inst. of Subtropical Agriculture	6091	1908	268	551	290
四川省 Sichuan Province	75589	25229	2673	4862	4456
成都山地灾害与环境研究所 Chengdu Inst. of Mountain Hazards and Environment	10909	2805	457	66	733
成都生物研究所 Chengdu Inst. of Biology	9509	4052	548	1093	502
光电技术研究所 Inst. of Optics and Electronics	55172	18372	1668	3702	3222
云南省、贵州省 Yunnan and Guizhou Provinces	48168	18792	2085	4702	3977
昆明植物研究所 Kunming Inst. of Botany	15258	5785	521	1203	2107
昆明动物研究所 Kunming Inst. of Zoology	11994	3693	337	988	624

续表 4-3

社会保障费 Social security expenditure	公用支出 Public expenditure	公务费 Official business spending	业务费 Expenditure for professional activity	设备购置费 Expenditure for purchasing equipment	修缮费 Renovation fees	专款支出 Designated expenditure	经营支出 Operating expenses	结转自筹基建 Balanced and transferred self-raised capital construction funds
1872	7377	382	6146	1199	302	60		650
690	1629	160	1105	229	136	16		
1101	3943	759	2212	654	308	18		591
1881	14067	1466	9693	2720	189	30		
966	8511	1028	5559	1673	244	23	59	
9051	59979	9956	29892	16011	3966	5997	1036	3168
1609	9445	147	5105	2905	1241	927	334	885
2780	16720	2117	11204	2748	651	1264	120	1199
2455	6153	618	3108	827	1520	1234	320	1000
1207	16288	5120	4045	6800	295	1108	262	
470	7284	1287	4112	1800	85	1454		
530	4090	668	2318	931	173	9		84
7714	49236	2504	37619	5334	7876	165	75	884
1003	8066	247	5936	1338	545	38		
1626	4952	300	3473	972	207	47		458
5085	36219	1957	28211	3024	7125	80	75	426
6022	28445	2449	19755	5285	897	888	43	
1470	9277	1107	5857	1670	624	196		
1218	8201	986	5654	1484	69	100		

系统及单位 System and institute	合 计 Total	人员支出 Personnel expenditure	基本工资 Basic salary	补助工资 Subsidiary salary	其他工资 Other salaries
西双版纳热带植物园 Xishuangbanna Tropical Botanical Garden	9372	4956	615	1469	659
地球化学研究所 Inst. of Geochemistry	11544	4359	611	1043	587
陕西省 Shaanxi Province	44872	14553	1999	3153	2932
西安光学精密机械研究所 Xi'an Inst. of Optics and Precision Mechanics	30611	8586	1252	1698	1791
地球环境研究所 Inst. of Earth Environment	4815	1225	125	491	299
国家授时中心 National Time Service Center	9446	4742	622	964	842
甘肃省、青海省 Gansu and Qinghai Provinces	81417	28006	3367	8890	2799
近代物理研究所 Inst. of Modern Physics	24955	6856	884	2278	234
兰州化学物理研究所 Lanzhou Inst. of Chemical Physics	16629	6333	718	2348	414
寒区旱区环境与工程研究所 Cold and Arid Regions Environmental and Engineering Research Inst.	23764	7845	1020	2362	1259
青海盐湖研究所 Qinghai Inst. of Saline Lakes	6183	3269	311	850	511
西北高原生物研究所 Northwest Inst. of Plateau Biology	5815	2148	261	636	156
兰州地质研究所 Lanzhou Inst. of Geology	4070	1555	174	416	225
新疆维吾尔自治区 Xinjiang Uygur Autonomous Region	20846	7033	956	1811	1064
新疆理化技术研究所 Xinjiang Technical Inst. of Physics and Chemistry	7289	2838	440	838	324
新疆生态与地理研究所 Xinjiang Inst. of Ecology and Geography	13556	4195	517	973	741

注：由于青岛生物能源与过程研究所、烟台海岸带研究所、城市环境研究所、苏州纳米技术与纳米仿生

Note: The Qingdao Inst. of Bioenergy and Bioprocess Technology, Yantai Inst. of Coastal Zone Research, Inst. of under the financial account is still hanging in the other units, it is not listed separately.

续表 4-3

社会保障费 Social security expenditure	公用支出 Public expenditure	公务费 Official business spending	业务费 Expenditure for professional activity	设备购置费 Expenditure for purchasing equipment	修缮费 Renovation fees	专款支出 Designated expenditure	经营支出 Operating expenses	结转自筹基建 Balanced and transferred self-raised capital construction funds
1864	4020	158	2750	1087	22	396		
1469	6946	198	5494	1043	182	196	43	
5071	25690	3802	13788	5081	2936	357	1272	3000
3109	17424	3087	8572	3528	2238	329	1272	3000
155	3572	127	2698	654	93	18		
1807	4694	587	2519	900	605	10		
10750	51920	7542	25927	14087	4362	405	886	200
2854	17989	844	8963	6033	2149	78	32	
2300	10134	621	5773	3191	549	68	94	
2680	15397	5357	5063	3609	1369	168	354	
1406	2754	360	1934	407	51	23	137	
867	3233	8	2407	606	213	33	201	200
642	2413	353	1788	241	32	34	68	
2427	13720	129	8614	4620	357	93		
1038	4435	2	2512	1758	163	16		
1389	9285	127	6102	2862	194	76		

研究所、深圳先进技术研究院财务账户仍然下挂在其他单位，故未单独列出。
Urban Environment, Suzhou Inst. of Nano-tech and Nano-bionics, Shenzhen Institutes of Advanced Technology

主要统计指标解释

1. 事业单位总收入情况

财政补助收入 指单位从财政部门取得的科学事业费、房改经费。

拨入专款 指单位从没有直接部门预算管理关系的财政部门、上级单位或其他单位取得的有指定用途的专项资金，如从人事部取得的政府津贴、院士津贴。

事业收入 指单位开展专业业务活动及其辅助活动取得的收入，包括科研收入、技术收入、学术活动收入、科普活动收入、试制产品收入、预算外资金收入等。

科研收入 指单位承担科研课题(项目)和接受委托研制样品样机取得的收入，包括事业单位承担国家科研项目取得的收入，如国家“科技三项费用”项目、“国家自然科学基金”项目、“863”项目等；同时包括事业单位承担地方有关部门及企业的各类科研任务取得的收入。

技术收入 指单位对外提供技术转让、技术咨询、技术服务、技术培训、技术承包和技术开发取得的收入。

试制产品收入 指单位经过国家有关部门批准从事中间试验产品的试制取得的收入(不含科技三项费用中的中间试验费)。

预算外资金收入 指单位按照国家有关规定，为履行或代行政府职能，依据国家法律、法规和具有法律效力的规章而收取的纳入预算外资金专户管理的各种行政事业性收费等。

经营收入 指单位在专业业务活动及其辅助活动之外开展非独立核算的经营活动取得的收入，包括产品(商品)销售收入、经营服务收入、工程承包收入、租赁收入和其他经营收入。

其他收入 指单位除上述收入以外的其他收入，如投资收益、利息收入、捐赠收入、上级补助收入、附属单位缴款等。

2. 事业单位总支出情况

人员支出 指单位用各种经费开支的基本工资、补助工资、其他工资、职工福利费、社会保障费、助学金。

基本工资 主要指按国家有关规定支付给工作人员的固定工资及规定比例的津贴。

补助工资 指按国家有关规定支付给工作人员的津贴、补贴，包括各项岗位津贴、价格补贴、地方性补贴、冬季取暖补贴、夜餐补贴、职工上下班交通补贴、加班费等。

其他工资 主要指在基本工资、补助工资之外发给在职人员的属于国家规定工资总额组成范围的各种津贴、补贴。

社会保障费 指按国家有关规定支付给离退休人员的离退休金、津贴、补贴及单位按国家规定缴纳的各项基本社会保险金等。

公用支出 指单位用各种经费开支的公务费、设备购置费、修缮费、业务费及其他费用。

公务费 指用于组织和管理专业业务及其辅助活动发生的支出，主要包括办公费、邮电通信费、水电费、公用取暖费、车船油料费等。

业务费 指在开展专业业务及其辅助活动过程中发生的支出，主要包括消耗的各种原材料、计算测试费、燃料动力费、会议费、差旅费、外事活动费等。

设备购置费 指不属于基本建设支出，应按固定资产管理的科研、生产、开发、经营以及办公设备的购置支出，主要包括各种仪器设备、车辆、图书等购置费以及按规定提取的修购基金。

修缮费 指用于单位公用房屋、建筑物以及附属设备的修缮支出、按照国家规定不够基本建设投资额度的零星土建工程支出以及按规定提取的修购基金。

结转自筹基建 指单位经国家有关部门批准并纳入基本建设计划，用财政补助收入以外的资金安排的基本建设项目支出。

经营支出 指单位在专业业务活动及其辅助活动之外开展非独立核算经营活动发生的各项支出以及实行内部成本核算单位已销产品的实际成本。

专款支出 指单位用上述“拨入专款”开支的费用。

Explanatory Notes on Key Indicators

1. Total income of CAS institutions

Financial subsidiary income This refers to the operating funds for scientific research, and house subside obtained from the financial departments.

Special funds allocated This refers to the special funds for designated use obtained from the financial departments, higher authorities or other units, such as government allocations and allocations for CAS Members from the Ministry of Personnel Management.

Operating income This refers to the income obtained by performing professional activities and auxiliary work, including scientific research, technology, scientific activities, popular science activities and production of pilot products, and income from non-budgetary funds.

Scientific research income This refers to the income acquired by undertaking scientific research tasks (projects) and accepting assignments to develop samples and prototypes. It includes income for undertaking State scientific research projects, such as the “Three sums of science and technology funds”, “National Natural Science Foundation funds”, “863” Program funds, etc. It also includes income obtained from the local departments and enterprises by the institutions by undertaking various research tasks.

Technology income This refers to the income obtained from offering external technology transfer, technology consultation, technology service, technology training, technology contracting and technology development.

Income from trial-production of products This refers to the income obtained by producing pilot experimental products (not including allowance for pilot experiments in the “three sums of science and technology funds”) approved by the relevant State departments.

Income from non-budgetary funds This refers to various kinds of revenues (which are not included in the State budgetary management system) collected by the institution in performing or acting the functions on government behalf according to the State laws, regulations and rules which have the legal effects.

Business income This refers to the income acquired by carrying out non-independent accounting business activities other than professional and auxiliary work, including product (commodity) sales income, business service income, project contracting income, renting income and other business income.

Other income This refers to income other than the above-mentioned items, such as income from investment, interest, donation, subsidies from superior organizations, funds provided by affiliated units, etc.

2. Total expenditure of CAS institutions

Personnel expenditure This refers to the spending from various kinds of funds, such as basic salary, subsidiary salary and other salaries, welfare expenditure, social security expenditure, and people’s grant-in-aid.

Basic salary This refers to the basic salary and proportioned allowance paid to the staff according to the relevant State policies.

Subsidiary salary This refers to the allowance and subsidies paid to the staff according to the relevant State policies, including working post allowance, inflation subsidies, local allowance, allowance for winter heating, night snack allowance, traffic allowance for the staff to and back from work, and overtime pay, etc.

Other salaries This mainly refers to the allowances and subsidies paid to the on-job staff, which is the components of the total salary set according to the relevant State policies. This item is not included in the basic salary and subsidiary salary.

Social security expenditure This refers to the pension, allowance or subsidies paid to the retired personnel according to the relevant State policy, and various basic social insurance premium paid by the units according to the State policy.

Public expenditure This refers to the spending from various kind of funds, such as official business spending, expenditure for professional activities, expenditure for purchasing equipment, renovation fees and others.

Official business spending This refers to the expenses for organizing and managing professional work and auxiliary activities, mainly including expenses on administration, postage and communications, water and electricity, winter heating, vehicles and fuel, etc.

Expenditure for professional activity This refers to the expenses occurred in the process of carrying out professional work and auxiliary activities, mainly including raw and processed materials consumed, computation and testing, fuel and power, expenses for attending conferences and making business trips, etc.

Expenditure for purchasing equipment This refers to the expenses spent on equipment purchasing for scientific research, production, development, business operation and office instruments, which does not fall into the category of capital construction expenditure and is managed as fixed assets. It mainly includes expenses for purchasing various kinds of instruments and equipment, vehicles, books, etc., according to the relevant policies.

Renovation fees This refers to fees for renovating public houses, buildings and attached facilities, expenses of minor civil engineering which are less than the investment quota set for capital construction, and the renovation/purchasing fees drawn according to the relevant policies.

Balanced and transferred self-raised capital construction funds This refers to the expenditure from non financial subsidiary funds for capital construction projects which are approved by the State departments concerned and which are included in the capital construction plan of the year.

Business expenditure This refers to the expenses occurred in the process of carrying out non-independent accounting business activities other than professional and auxiliary work, as well as the actual cost of products sold by those internal cost-accounting units.

Designated expenditure This refers to the expenses paid from above-mentioned "Designated funds".

五、基本建设

CAPITAL CONSTRUCTION

5-1 基本建设总体情况

General Information of Capital Construction

年份 Year	完成投资 (万元) Investment completed (ten thousand yuan)	国家及院拨款 State & CAS funds	建设单位自筹 Self-raised funds by construction unit	贷款 Loan	竣工面积(万平方米) Floor space completed (10000 square meter)
1950~1952	276				2.05
1953~1957	9123				51.23
1958~1962	20972				79.40
1963~1965	12600				33.88
1966~1970	9139				15.37
1971~1975	7835				56.66
1976	2500				8.23
1977	3347				15.09
1978	8454				20.47
1979	18426				33.28
1980	17579				36.19
1981	13600				36.78
1982	15039				34.66
1983	14537				27.04
1984	16114				32.83
1985	17108	346			24.23
1986	21908	252			28.30
1987	27412	281			20.31
1988	28266	240			24.70
1989	29384	240			29.87
1990	23484	240			37.36
1991	30306	1971			23.17
1992	36636	5000			28.72
1993	38427	4809		3100	25.83
1994	40787	10000		3000	23.95
1995	44480	10000		2600	23.51
1996	48122	15982		700	22.66
1997	65936	25346			24.81
1998	91409	32387			29.46
1999	103721	48879			32.81
2000	140591	74192			45.30
2001	221479	95910	124869	700	53.88
2002	314274	175092	130111	9071	84.78
2003	342450	197664	144786		70.05
2004	242432	178013	62015	2405	76.02
2005	227700	161675	66025		42.41
2006	251892	143700	108192		55.58
2007	211400	113400	98000		41.89
2008	273500	145200	128300		43.48
2009	431000	296700	134300		15.58
2010	456711	314266	142445		52.21

5-2　基本建设投资完成情况(2010 年)
Capital Construction Expenditure: 2010

单位: 万元　(ten thousand yuan)

项　目 Project	完成投资 Investment completed	国家及院拨款 State & CAS funds	建设单位自筹 Self-raised funds by construction unit	贷　款 Loan
总　计 Total	**456711**	**314266**	**142445**	
一、大科学工程 Mega-science projects	77259	55922	21337	
二、科教基础设施改造建设项目 Infrastructure renovation & construction of research and education	238902	173222	65680	
三、产业化项目 Commercialized projects	7553	4578	2975	
四、引进人才项目 Talent Programmes	3898	3898		
五、标本馆改造建设 Reconstruction of herbariums	586	377	209	
六、其他专项 Other designated projects	128513	76269	52244	

5-3　基本建设建筑面积完成情况(2010 年)
Floor Space Completed: 2010

单位: 万平方米　(10000 square meter)

项　目 Project	在建面积 Floor space under construction	新开面积 Floor space started	竣工面积 Floor space completed	改造面积 Floor space reconstructed
总　计 Total	**149.43**	**37.41**	**52.21**	**8.14**
一、大科学工程 Mega-science projects	1.00			
二、知识创新工程基建专项 Special capital construction fund for Knowledge Innovation Program	148.43	37.41	52.21	8.14
科研用房改造建设 Renovation & construction for scientific research building	86.33	32.04	49.65	7.93
园区基础设施改造建设 Infrastructure renovation & construction of institute campuses	0.29		1.09	0.21
教育设施及流动人员公寓改造建设项目 Reconstruction projects of educational facilities & apartments for the staff on mobility	61.81	5.37	1.47	

六、科技活动

SCIENTIFIC AND TECHNOLOGICAL ACTIVITIES

6-1 科研机构人员概况
Staff of CAS Research Institutions

年 份 Year	在职职工 (人) Regular staff (person)	从事科技活动人员 S&T activity personnel		
			其中：女性 Of which:Femal	科学家和工程师 Scientists & engineers
1985	69650	58220	19820	32174
1986	70510	60107	20509	34495
1987	66855	53727	18410	35034
1988	67554	56939	19419	36648
1989	67451	56895	19209	37587
1990	67547	56199	18536	38133
1991	67558	56029	18645	37668
1992	66608	54293	18070	37642
1993	64273	50584	16856	36199
1994	61641	46344	15393	33749
1995	59008	42934	14186	32446
1996	56245	41392	13598	32032
1997	53191	38104	12484	29798
1998	50271	33963	11373	27139
1999	47487	31205	10290	25450
2000	44772	29648	9547	24426
2001	40853	26391	8376	22105
2002	36679	23600	7455	20225
2003	35201	23218	7398	19108
2004	34847	23830	7550	20027
2005	35394	24755	7840	20446
2006	36085	25914	8281	21558
2007	36684	27315	8846	25347
2008	42558	33642	11660	31639
2009	46959	38642	12908	35366
2010	49968	42306	14171	

注: S&T—Science and Technology.

自 2008 年起，科研机构在职职工的统计范围是指科研机构中在编职工和项目聘用人员。

Note: Since 2008, the number of regular staff of research institution includes both the regular staff of all CAS institutions and the staff by project contract.

6-2 科研机构职工按工作性质分类(2010 年)
Statistics of CAS Staff, by Nature of Work: 2010

单位：人 (person)

地区及学科 Region and field	从事科技活动人员 S&T activity personnel	科技管理人员 S&T management personnel	课题活动人员 Project activity personnel	科技服务人员 S&T service personnel	从事生产经营活动人员 Production and business activity personnel	生活后勤服务人员 Logistics service personnel
总计 Total	**42306**	**5100**	**30085**	**7121**	**1677**	**5985**
一、按地区、分院分 By region and branch						
北京分院(筹) Beijing Branch	16150	1967	11952	2231	419	2012
沈阳分院 Shenyang Branch	3736	384	2444	908	173	622
长春分院 Changchun Branch	2583	294	2073	216	437	443
上海分院 Shanghai Branch	7014	869	4958	1187	180	884
南京分院 Nanjing Branch	1208	123	883	202	17	152
合肥地区 Hefei Area	1489	165	962	362	94	208
武汉分院 Wuhan Branch	1305	160	871	274	22	394
广州分院 Guangzhou Branch	2479	331	1744	404	8	155
成都分院 Chengdu Branch	1366	165	818	383	132	327
昆明分院 Kunming Branch	1253	196	754	303	37	163

续表 6-2

地区及学科 Region and field	从事科技活动人员 S&T activity personnel	科技管理人员 S&T management personnel	课题活动人员 Project activity personnel	科技服务人员 S&T service personnel	从事生产经营活动人员 Production and business activity personnel	生活后勤服务人员 Logistics service personnel
西安分院 Xi'an Branch	1100	150	694	256	100	252
兰州分院 Lanzhou Branch	2036	242	1490	304	25	294
新疆分院 Xinjiang Branch	587	54	442	91	33	79
二、按学科分 By field						
数学、物理 Mathematics & physics	8728	1098	6058	1572	323	1362
化学与化工 Chemistry & chemical engineering	5960	698	4305	957	104	820
地学 Earth sciences	5804	790	4033	981	44	853
生物学 Biological sciences	8444	1088	5612	1744	128	1105
技术科学 Technological sciences	13170	1394	9929	1847	1078	1827
其他 Others	200	32	148	20		18

注：此表不包括不在岗人员。

Note: This table does not include the personnel who are not on the working posts.

6-3 科研机构科技

Total Income of S&T Activities in

单位：千元

地区及学科 Region and field	科技活动收入 Total income of S&T activities	政府资金 Government funds	财政补助收入 Income from government subsidy	承担政府科研项目收入 Income from undertaking government research projects
总计 Total	**26669988**	**22875638**	**11076428**	**10948705**
一、按地区、分院分 By region and branch				
北京分院(筹) Beijing Branch	10268086	8699487	4466227	4017304
沈阳分院 Shenyang Branch	2210848	1693178	887558	717578
长春分院 Changchun Branch	1908418	1835729	528686	1280898
上海分院 Shanghai Branch	5397184	4709168	2565592	1910021
南京分院 Nanjing Branch	732367	690978	328946	323511
合肥地区 Hefei Area	1003506	921589	301720	602152
武汉分院 Wuhan Branch	725485	608759	283448	315349
广州分院 Guangzhou Branch	1089559	903471	472655	319776

活动收入(2010 年)

CAS Research Institutions: 2010

(thousand yuan)

地方政府资金 Funds from local government	技术性收入 Technical income	其中:来自企业 Of which: From enterprises	国外资金 Funds from abroad	用于科技活动的贷款 Loans for S&T activities
975689	**2751360**	**1333214**	**252960**	**152902**
161665	1187468	569217	82250	24678
76123	344552	306751	46108	
22780	53837	17669	2440	70000
238123	483383	133052	72332	20000
64977	25685	8694	3289	
17467	24660	22343	20138	1224
68146	82398	44270	5262	
204724	156377	99889	4599	

地区及学科 Region and field	科技活动收入 Total income of S&T activities	政府资金 Government funds		
			财政补助收入 Income from government subsidy	承担政府科研项目收入 Income from undertaking government research projects
成都分院 Chengdu Branch	1179354	1027637	189363	832337
昆明分院 Kunming Branch	541031	401458	250752	128750
西安分院 Xi'an Branch	564332	502242	222494	273180
兰州分院 Lanzhou Branch	783489	653669	477105	135613
新疆分院 Xinjiang Branch	266329	228273	101882	92236
二、按学科分 By field				
数学、物理 Mathematics & physics	4741748	4143474	2566444	1496148
化学与化工 Chemistry & chemical engineering	3921453	3042734	1764508	1176322
地学 Earth sciences	3325002	2757030	1468484	1082147
生物学 Biological sciences	4993754	4335878	2236144	1911874
技术科学 Technological sciences	9588799	8503156	2967411	5265296
其他 Others	99232	93366	73437	16918

续表 6-3

地方政府资金 Funds from local government	技术性收入 Technical income	其中:来自企业 Of which: From enterprises	国外资金 Funds from abroad	用于科技活动的贷款 Loans for S&T activities
14996	106132	19095	568	
24492	68718	3112	13424	
3581	60292	20154		32000
44488	124612	81508	1582	5000
34127	33246	7460	968	
131225	441276	211347	40835	6224
134941	783673	527065	46734	70000
215020	337899	149970	31777	6863
188211	404366	67919	98560	37815
298467	779260	374955	34074	32000
7825	4886	1958	980	

地区及学科 Region and field	科技活动 收 入 Total income of S&T activities	政府资金 Government funds	财政补助 收 入 Income from government subsidy	承担政府 科研项目 收 入 Income from undertaking government research projects
三、按科研单位分 By institute				
北京市 Beijing	10268086	8699487	4466227	4017304
数学与系统科学研究院 Academy of Mathematics and Systems Science	131574	127161	86548	40289
物理研究所 Inst. of Physics	315006	300660	117547	178060
声学研究所 Inst. of Acoustics	340075	278523	113911	159697
理论物理研究所 Inst. of Theoretical Physics	34535	32679	17580	14572
高能物理研究所 Inst. of High Energy Physics	439459	399405	340790	57498
国家天文台 National Astronomical Observatories of China	448796	378384	345140	32992
力学研究所 Inst. of Mechanics	322142	244962	170880	72657
理化技术研究所 Technical Inst. of Physics and Chemistry	280019	229533	147634	75652
化学研究所 Inst. of Chemistry	399042	348031	177540	167534
生态环境研究中心 Research Center for Eco-Environmental Sciences	451280	400490	103852	283120
国家纳米科学中心 National Center for Nanoscience and Technology	91318	79324	47718	31606
过程工程研究所 Inst. of Process Engineering	264092	208764	113121	89684

续表 6-3

地方政府资金 Funds from local government	技术性收入 Technical income	其中：来自企业 Of which: From enterprises	国外资金 Funds from abroad	用于科技活动的贷款 Loans for S&T activities
161665	1187468	569217	82250	24678
691	2377			
3448	13011	375	1335	
4052	61296	47788		
	977	400	332	
	21423	4800	14156	
4	69506	524	906	
8342	56405	4050	374	
944	49500	49500	986	
121	41643	9430	118	
16500	48760	38027	578	
	8599	6854	3395	
5220	51968	45915	1876	

地区及学科 Region and field	科技活动收入 Total income of S&T activities	政府资金 Government funds	财政补助收入 Income from government subsidy	承担政府科研项目收入 Income from undertaking government research projects
遥感应用研究所 Inst. of Remote Sensing Application	229090	160029	73887	75621
地理科学与资源研究所 Inst. of Geographic Sciences and Natural Resources Research	389981	350233	143157	162780
青藏高原研究所 Inst. of Tibetan Plateau Research	86962	81053	55924	24745
古脊椎动物与古人类研究所 Inst. of Vertebrate Paleontology and Paleoanthropology	48915	44983	27628	12593
地质与地球物理研究所 Inst. of Geology and Geophysics	352698	199241	182137	17079
大气物理研究所 Inst. of Atmospheric Physics	236104	214800	90019	121014
植物研究所 Inst. of Botany	273689	221690	121999	99091
动物研究所 Inst. of Zoology	278282	236845	135212	98960
心理研究所 Inst. of Psychology	94642	52650	30154	20040
微生物研究所 Inst. of Microbiology	110728	92384	85449	6935
生物物理研究所 Inst. of Biophysics	367055	344347	230300	109380
遗传与发育生物学研究所 Inst. of Genetics and Developmental Biology	479619	478997	138121	334899
北京基因组研究所 Beijing Inst. of Genomics	89010	75680	49647	18027

续表 6-3

地方政府资金 Funds from local government	技术性收入 Technical income	其中：来自企业 Of which: From enterprises	国外资金 Funds from abroad	用于科技活动的贷款 Loans for S&T activities
10521	64492	13060	1649	
49272	16236	5953	19985	6863
	4116	249	1793	
4421	2921		717	
8	9552	6362	229	
2483	20664		554	
1466	44968	2914	2484	
13981	23103	2705	1607	17815
	40774	3676	1218	
133	14786	10165	1835	
4667	20147	5410	2561	
			622	
44	8966	1985	626	

地区及学科 Region and field	科技活动收入 Total income of S&T activities	政府资金 Government funds	财政补助收入 Income from government subsidy	承担政府科研项目收入 Income from undertaking government research projects
计算技术研究所 Inst. of Computing Technology	488818	427626	127278	298372
软件研究所 Inst. of Software	296295	271795	99576	168546
半导体研究所 Inst. of Semiconductors	241037	196222	114857	80277
微电子研究所 Inst. of Microelectronics	651322	631758	68074	556863
电子学研究所 Inst. of Electronics	414566	387655	176055	210267
自动化研究所 Inst. of Automation	209684	126462	76962	
光电研究院 Academy of Opto-Electronics	150727	130808	89757	41051
电工研究所 Inst. of Electrical Engineering	230277	191976	91123	87657
工程热物理研究所 Inst. of Engineering Thermophysics	142097	114592	67405	45751
空间科学与应用研究中心 Center for Space Science and Applied Research	326189	306890	141971	163852
对地观测与数字地球科学中心 Center for Earth Observation and Digital Earth	152461	97774	71668	25153
自然科学史研究所 Inst. of History of Natural Sciences	27480	23819	20552	256

续表 6-3

地方政府资金 Funds from local government	技术性收入 Technical income	其中:来自企业 Of which: From enterprises	国外资金 Funds from abroad	用于科技活动的贷款 Loans for S&T activities
1206	44599	39157	3445	
3673	13500	11803	301	
666	29058	940	33	
1417	18943	18183		
81	26911	472		
	39805	33842	5963	
	19817			
13196	36580	33948	1721	
	20865	20865	6640	
	19031	3172	268	
4953	50889		42	
	2928		733	

地区及学科 Region and field	科技活动收入 Total income of S&T activities	政府资金 Government funds	财政补助收入 Income from government subsidy	承担政府科研项目收入 Income from undertaking government research projects
科技政策与管理科学研究所 Inst. of Policy and Management	71752	69547	52885	16662
山西煤炭化学研究所 Shanxi Inst. of Coal Chemistry	311268	141715	122169	18072
辽宁省、山东省 Liaoning and Shandong Provinces	2210848	1693178	887558	717578
大连化学物理研究所 Dalian Inst. of Chemical Physics	589657	426524	244612	177963
沈阳应用生态研究所 Shenyang Inst. of Applied Ecology	128739	116521	62540	48762
沈阳自动化研究所 Shenyang Inst. of Automation	471878	341276	93615	240546
金属研究所 Inst. of Metal Research	480479	386707	236294	114036
海洋研究所 Inst. of Oceanology	411007	322490	177700	123512
青岛生物能源与过程研究所 Qingdao Inst. of Bioenergy and Bioprocess Technology	63009	49392	37423	9680
烟台海岸带研究所 Yantai Inst. of Coastal Zone Research	66079	50268	35374	3079
吉林省 Jilin Province	1908418	1835729	528686	1280898
长春应用化学研究所 Changchun Inst. of Applied Chemistry	345597	297161	220060	60380
东北地理与农业生态研究所 Northeast Inst. of Geography and Agricultural Ecology	85465	78538	48283	23343

续表 6-3

地方政府资金 Funds from local government	技术性收入 Technical income	其中:来自企业 Of which: From enterprises	国外资金 Funds from abroad	用于科技活动的贷款 Loans for S&T activities
7825	1958	1958	247	
2330	166394	144735	2921	
76123	344552	306751	46108	
7144	137448	137448	25685	
4087	10802	214	885	
6211	37559	36906		
34959	83102	81823	10669	
9818	66224	42126	4485	
2089	9233	8234	4384	
11815	184			
22780	53837	17669	2440	70000
15724	45887	14975	2400	70000
5785	6881	2694	40	

地区及学科 Region and field	科技活动收入 Total income of S&T activities	政府资金 Government funds	财政补助收入 Income from government subsidy	承担政府科研项目收入 Income from undertaking government research projects
长春光学精密机械与物理研究所 Changchun Inst. of Optics, Fine Mechanics and Physics	1477356	1460030	260343	1197175
上海市、福建省、浙江省 Shanghai, Fujian Province, and Zhejiang Province	5397184	4709168	2565592	1910021
上海应用物理研究所 Shanghai Inst. of Applied Physics	403137	354499	315831	36425
上海天文台 Shanghai Observatory	190302	174336	117248	32220
上海硅酸盐研究所 Shanghai Inst. of Ceramics	524410	387489	218721	158720
上海有机化学研究所 Shanghai Inst. of Organic Chemistry	379590	276926	209615	62089
上海药物研究所 Shanghai Inst. of Materia Medica	630740	521545	174756	316829
上海生命科学研究院 Shanghai Institutes for Biological Sciences	983832	908896	551594	324085
上海微系统与信息技术研究所 Shanghai Inst. of Microsystem and Information Technology	717855	637589	345880	214521
上海光学精密机械研究所 Shanghai Inst. of Optics and Fine Mechanics	612377	532120	222346	306515
上海技术物理研究所 Shanghai Inst. of Technical Physics	585545	571630	219875	342621

续表 6-3

地方政府资金 Funds from local government	技术性收入 Technical income	其中:来自企业 Of which: From enterprises	国外资金 Funds from abroad	用于科技活动的贷款 Loans for S&T activities
1271	1069			
238123	483383	133052	72332	20000
2243	10576	8347	182	
24384	12402	3166	398	
16945	130276	60774	6645	
4377	68896		1489	
29028	64311	6229	38142	
33217	39461	3322	21910	20000
76712	39843	26747	2440	
2041	79712	8085	206	
8656	13915	280		

地区及学科 Region and field	科技活动收入 Total income of S&T activities	政府资金 Government funds	财政补助收入 Income from government subsidy	承担政府科研项目收入 Income from undertaking government research projects
福建物质结构研究所 Fujian Inst. of Research on the Structure of Matter	138143	131497	85602	42810
宁波材料技术与工程研究所 Ningbo Inst. of Material Technology and Engineering	145798	133756	61492	36933
城市环境研究所 Inst. of Urban Environment	85455	78885	42632	36253
江苏省 Jiangsu Province	732367	690978	328946	323511
紫金山天文台 Purple Mountain Observatory	137273	128958	72599	53633
南京地理与湖泊研究所 Nanjing Inst. of Geography and Limnology	167376	160811	45862	92063
南京地质古生物研究所 Nanjing Inst. of Geology and Palaeontology	86719	84035	56896	24039
南京土壤研究所 Nanjing Inst. of Soil Science	191168	174854	77926	93856
苏州纳米技术与纳米仿生研究所 Suzhou Inst. of Nano-tech and Nano-bionics	149831	142320	75663	59920
安徽省 Anhui Province	1003506	921589	301720	602152
合肥物质科学研究院 Hefei Institutes of Physical Sciences	1003506	921589	301720	602152
湖北省 Hubei Province	725485	608759	283448	315349
武汉物理与数学研究所 Wuhan Inst. of Physics and Mathematics	96578	95169	61793	32936

续表 6-3

地方政府资金 Funds from local government	技术性收入 Technical income	其中: 来自企业 Of which: From enterprises	国外资金 Funds from abroad	用于科技活动的贷款 Loans for S&T activities
	6299			
35180	12042	12042		
5340	5650	4060	920	
64977	25685	8694	3289	
2390	5745	500		
22367	160			
2000	1445			
3403	11251	3250	2862	
34817	7084	4944	427	
17467	24660	22343	20138	1224
17467	24660	22343	20138	1224
68146	82398	44270	5262	
167				

地区及学科 Region and field	科技活动收入 Total income of S&T activities	政府资金 Government funds	财政补助收入 Income from government subsidy	承担政府科研项目收入 Income from undertaking government research projects
武汉岩土力学研究所 Wuhan Inst. of Rock and Soil Mechanics	179799	128719	55675	73044
测量与地球物理研究所 Inst. of Geodesy and Geophysics	34624	31871	19476	11572
武汉植物园 Wuhan Botanical Garden	72796	45985	38586	7399
水生生物研究所 Inst. of Hydrobiology	232732	201740	80724	113006
武汉病毒研究所 Wuhan Inst. of Virology	108956	105275	27194	77392
广东省、湖南省 Guangdong and Hunan Provinces	1089559	903471	472655	319776
广州地球化学研究所 Guangzhou Inst. of Geochemistry	166780	158132	70070	58871
南海海洋研究所 South China Sea Inst. of Oceanology	207449	145232	85809	48838
华南植物园 South China Botanical Garden	153403	125362	73083	23928
广州生物医药与健康研究院 Guangzhou Institutes of Biomedicine and Health	112560	111995	39967	44589
广州能源研究所 Guangzhou Inst. of Energy Conversion	130649	82796	52531	18071
亚热带农业生态研究所 Inst. of Subtropical Agriculture	60873	57345	32107	22038

续表 6-3

地方政府资金 Funds from local government	技术性收入 Technical income	其中: 来自企业 Of which: From enterprises	国外资金 Funds from abroad	用于科技活动的贷款 Loans for S&T activities
54745	47035	34045	2024	
718	1549	649		
3977	830		2890	
8010	30787	8153	205	
529	2197	1423	143	
204724	156377	99889	4599	
29191	6257	5816		
10295	62098	55103	119	
28023	22136	3597	1900	
27439	565			
3614	28941	26526	2346	
2721	1144	735	234	

地区及学科 Region and field	科技活动收 入 Total income of S&T activities	政府资金 Government funds	财政补助收 入 Income from government subsidy	承担政府科研项目收 入 Income from undertaking government research projects
深圳先进技术研究院 Shenzhen Institutes of Advanced Technology	257845	222609	119088	103441
四川省 Sichuan Province	1179354	1027637	189363	832337
成都山地灾害与环境研究所 Chengdu Inst. of Mountain Hazards and Environment	92400	86256	38890	46847
成都生物研究所 Chengdu Inst. of Biology	100253	70874	42758	24813
光电技术研究所 Inst. of Optics and Electronics	986701	870507	107715	760677
云南省、贵州省 Yunnan and Guizhou Provinces	541031	401458	250752	128750
地球化学研究所 Inst. of Geochemistry	124971	103374	71029	26615
昆明植物研究所 Kunming Inst. of Botany	229633	149243	88183	49336
西双版纳热带植物园 Xishuangbanna Tropical Botanical Garden	77875	44253	32518	7651
昆明动物研究所 Kunming Inst. of Zoology	108552	104588	59022	45148
陕西省 Shaanxi Province	564332	502242	222494	273180
地球环境研究所 Inst. of Earth Environment	53521	47958	30722	14769
西安光学精密机械研究所 Xi'an Inst. of Optics and Precision Mechanics	418843	380578	123506	252971

续表 6-3

地方政府资金 Funds from local government	技术性收入 Technical income	其中:来自企业 Of which: From enterprises	国外资金 Funds from abroad	用于科技活动的贷款 Loans for S&T activities
103441	35236	8112		
14996	106132	19095	568	
12272	6013	5213	131	
2648	9470	3722	437	
76	90649	10160		
24492	68718	3112	13424	
3517	19283	927		
11724	14452	738	13053	
3846	33095	180	243	
5405	1888	1267	128	
3581	60292	20154		32000
2467	4836			
1114	37194	1892		32000

地区及学科 Region and field	科技活动收入 Total income of S&T activities	政府资金 Government funds	财政补助收入 Income from government subsidy	承担政府科研项目收入 Income from undertaking government research projects
国家授时中心 National Time Service Center	91968	73706	68266	5440
甘肃省、青海省 Gansu and Qinghai Provinces	783489	653669	477105	135613
近代物理研究所 Inst. of Modern Physics	236162	213641	188922	22247
兰州化学物理研究所 Lanzhou Inst. of Chemical Physics	208838	165486	114549	21234
寒区旱区环境与工程研究所 Cold and Arid Regions Environmental and Engineering Research Inst.	224494	192118	115467	72912
青海盐湖研究所 Qinghai Inst. of Saline Lakes	68387	37007	31286	3190
西北高原生物研究所 Northwest Inst. of Plateau Biology	45608	45417	26881	16030
新疆维吾尔自治区 Xinjiang Uygur Autonomous Region	266329	228273	101882	92236
新疆理化技术研究所 Xinjiang Technical Inst. of Physics and Chemistry	91417	61550	44360	6634
新疆生态与地理研究所 Xinjiang Inst. of Ecology and Geography	174912	166723	57522	85602

注：1. 表 6-3 与表 6-4 为国家科学技术部《科技统计年报》统计口径。

Note: Table 6-3, 6-4 is based on the specifications of the *S&T Statistical Yearbook* of the Ministry of Science and

2. 表 6-3 与表 6-4 中山西煤炭化学研究所合并到北京分院。

In Table 6-3 and 6-4, Shanxi Inst. of Coal Chemistry has been merged into the jurisdiction of Beijing

续表 6-3

地方政府资金 Funds from local government	技术性收入 Technical income	其中: 来自企业 Of which: From enterprises	国外资金 Funds from abroad	用于科技活动的贷款 Loans for S&T activities
	18262	18262		
44488	124612	81508	1582	5000
1820	22076	13533	4	5000
29703	42033	36777	1200	
9131	32117	4012	187	
2060	28386	27186		
1774			191	
34127	33246	7460	968	
10528	26025	3714		
23599	7221	3746	968	

Technology.

Branch.

6-4 科研机构科技活动经费内部支出情况(2010 年)

Total Internal Expenditure of S&T Activities in CAS Research Institutions: 2010

单位：千元 (thousand yuan)

地区及学科 Region and field	科研活动经费内部支出合计 Total internal expenditure for scientific research activities	人员费用 Personnel cost	设备购置费 Expenditure for purchasing equipment	其他日常支出 Other daily expenditure
总计 Total	**20455330**	**5123373**	**3708620**	**11623337**
一、按地区、分院分 By region and branch				
北京分院(筹) Beijing Branch	8701032	2096921	1519251	5084860
沈阳分院 Shenyang Branch	2003002	468259	431155	1103588
长春分院 Changchun Branch	1213857	281534	133585	798738
上海分院 Shanghai Branch	3570319	919810	747409	1903100
南京分院 Nanjing Branch	619156	136065	136542	346549
合肥地区 Hefei Area	505040	132426	103328	269286
武汉分院 Wuhan Branch	599646	192091	85230	322325
广州分院 Guangzhou Branch	943067	284852	171253	486962
成都分院 Chengdu Branch	616194	155436	70894	389864
昆明分院 Kunming Branch	443797	143493	69473	230831
西安分院 Xi'an Branch	377502	91872	51050	234580
兰州分院 Lanzhou Branch	668121	170658	143085	354378
新疆分院 Xinjiang Branch	194597	49956	46365	98276
二、按学科分 By field				
数学、物理 Mathematics & physics	3707671	965481	868678	1873512
化学与化工 Chemistry & chemical engineering	3172803	786639	693415	1692749
地学 Earth sciences	2864605	745909	472811	1645885
生物学 Biological sciences	4253452	1133326	761945	2358181
技术科学 Technological sciences	6363397	1471169	907506	3984722
其他 Others	93402	20849	4265	68288

续表 6-4

地区及学科 Region and field	科研活动经费内部支出合计 Total internal expenditure for scientific research activities	人员费用 Personnel cost	设备购置费 Expenditure for purchasing equipment	其他日常支出 Other daily expenditure
三、按科研单位分 By institute				
北京市 Beijing	8701032	2096921	1519251	5084860
数学与系统科学研究院 Academy of Mathematics and Systems Science	146749	59999	15894	70856
物理研究所 Inst. of Physics	296574	63495	90788	142291
声学研究所 Inst. of Acoustics	300612	79239	45624	175749
理论物理研究所 Inst. of Theoretical Physics	29063	12885	3263	12915
高能物理研究所 Inst. of High Energy Physics	484450	121731	106336	256383
国家天文台 National Astronomical Observatories of China	445498	143908	94172	207418
力学研究所 Inst. of Mechanics	184072	46146	50929	86997
理化技术研究所 Technical Inst. of Physics and Chemistry	307834	57230	67851	182753
化学研究所 Inst. of Chemistry	272056	67670	56980	147406
生态环境研究中心 Research Center for Eco-Environmental Sciences	321925	44218	42645	235062
国家纳米科学中心 National Center for Nanoscience and Technology	90138	14904	20300	54934
过程工程研究所 Inst. of Process Engineering	254390	58688	92230	103472
遥感应用研究所 Inst. of Remote Sensing Application	136746	31291	23119	82336
地理科学与资源研究所 Inst. of Geographic Sciences and Natural Resources Research	307240	107957	25272	174011
青藏高原研究所 Inst. of Tibetan Plateau Research	76104	19743	16007	40354
古脊椎动物与古人类研究所 Inst. of Vertebrate Paleontology and Paleoanthropology	49174	16814	7355	25005
地质与地球物理研究所 Inst. of Geology and Geophysics	347628	59083	40442	248103
大气物理研究所 Inst. of Atmospheric Physics	192118	55682	33061	103375
植物研究所 Inst. of Botany	223915	69825	37065	117025
动物研究所 Inst. of Zoology	213027	60717	39695	112615

续表 6-4

地区及学科 Region and field	科研活动经费内部支出合计 Total internal expenditure for scientific research activities	人员费用 Personnel cost	设备购置费 Expenditure for purchasing equipment	其他日常支出 Other daily expenditure
心理研究所 Inst. of Psychology	90745	31205	8343	51197
微生物研究所 Inst. of Microbiology	189846	88459	35177	66210
生物物理研究所 Inst. of Biophysics	315329	54599	92321	168409
遗传与发育生物学研究所 Inst. of Genetics and Developmental Biology	468889	53942	53171	361776
北京基因组研究所 Beijing Inst. of Genomics	91532	19506	12699	59327
计算技术研究所 Inst. of Computing Technology	372377	103544	43438	225395
软件研究所 Inst. of Software	254072	58956	17509	177607
半导体研究所 Inst. of Semiconductors	260992	65425	60481	135086
微电子研究所 Inst. of Microelectronics	190171	52676	24236	113259
电子学研究所 Inst. of Electronics	461478	92214	64211	305053
自动化研究所 Inst. of Automation	130836	14451	8935	107450
光电研究院 Academy of Opto-Electronics	131346	32324	20660	78362
电工研究所 Inst. of Electrical Engineering	166146	40208	28128	97810
工程热物理研究所 Inst. of Engineering Thermophysics	101727	23472	11576	66679
空间科学与应用研究中心 Center for Space Science and Applied Research	373849	64388	37054	272407
对地观测与数字地球科学中心 Center for Earth Observation and Digital Earth	157005	43008	23663	90334
自然科学史研究所 Inst. of History of Natural Sciences	22151	7735	2075	12341
科技政策与管理科学研究所 Inst. of Policy and Management	71251	13114	2190	55947
山西煤炭化学研究所 Shanxi Inst. of Coal Chemistry	171977	46470	64356	61151
辽宁省、山东省 Liaoning and Shandong Provinces	2003002	468259	431155	1103588
大连化学物理研究所 Dalian Inst. of Chemical Physics	604627	109928	161092	333607
沈阳应用生态研究所 Shenyang Inst. of Applied Ecology	108180	36180	10587	61413
沈阳自动化研究所 Shenyang Inst. of Automation	334542	62432	17956	254154

地区及学科 Region and field	科研活动经费内部支出合计 Total internal expenditure for scientific research activities	人员费用 Personnel cost	设备购置费 Expenditure for purchasing equipment	其他日常支出 Other daily expenditure
金属研究所 Inst. of Metal Research	436426	122285	77965	236176
海洋研究所 Inst. of Oceanology	375517	100675	101419	173423
青岛生物能源与过程研究所 Qingdao Inst. of Bioenergy and Bioprocess Technology	83143	20051	34721	28371
烟台海岸带研究所 Yantai Inst. of Coastal Zone Research	60567	16708	27415	16444
吉林省 Jilin Province	1213857	281534	133585	798738
长春应用化学研究所 Changchun Inst. of Applied Chemistry	286571	108911	49671	127989
东北地理与农业生态研究所 Northeast Inst. of Geography and Agricultural Ecology	87413	24839	12008	50566
长春光学精密机械与物理研究所 Changchun Inst. of Optics，Fine Mechanics and Physics	839873	147784	71906	620183
上海市、福建省、浙江省 Shanghai,Fujian Province,and Zhejiang Province	3570319	919810	747409	1903100
上海应用物理研究所 Shanghai Inst. of Applied Physics	189982	9813	70100	110069
上海天文台 Shanghai Observatory	99241	41169	40203	17869
上海硅酸盐研究所 Shanghai Inst. of Ceramics	451213	88631	65357	297225
上海有机化学研究所 Shanghai Inst. of Organic Chemistry	263464	105433	44469	113562
上海药物研究所 Shanghai Inst. of Materia Medica	369654	75328	93762	200564
上海生命科学研究院 Shanghai Institutes for Biological Sciences	793410	242508	160667	390235
上海微系统与信息技术研究所 Shanghai Inst. of Microsystem and Information Technology	312445	81072	57702	173671
上海光学精密机械研究所 Shanghai Inst. of Optics and Fine Mechanics	344857	72035	55309	217513
上海技术物理研究所 Shanghai Inst. of Technical Physics	444146	92426	96029	255691
福建物质结构研究所 Fujian Inst. of Research on the Structure of Matter	131639	61391	21596	48652
宁波材料技术与工程研究所 Ningbo Inst. of Material Technology and Engineering	108108	40484	38181	29443
城市环境研究所 Inst. of Urban Environment	62160	9520	4034	48606
江苏省 Jiangsu Province	619156	136065	136542	346549
紫金山天文台 Purple Mountain Observatory	131969	33840	62280	35849

续表 6-4

地区及学科 Region and field	科研活动经费内部支出合计 Total internal expenditure for scientific research activities	人员费用 Personnel cost	设备购置费 Expenditure for purchasing equipment	其他日常支出 Other daily expenditure
南京地理与湖泊研究所 Nanjing Inst. of Geography and Limnology	113155	19463	19198	74494
南京地质古生物研究所 Nanjing Inst. of Geology and Palaeontology	87339	27835	3786	55718
南京土壤研究所 Nanjing Inst. of Soil Science	153977	32115	12778	109084
苏州纳米技术与纳米仿生研究所 Suzhou Inst. of Nano-tech and Nano-bionics	132716	22812	38500	71404
安徽省 Anhui Province	505040	132426	103328	269286
合肥物质科学研究院 Hefei Institutes of Physical Sciences	505040	132426	103328	269286
湖北省 Hubei Province	599646	192091	85230	322325
武汉物理与数学研究所 Wuhan Inst. of Physics and Mathematics	76459	25927	19214	31318
武汉岩土力学研究所 Wuhan Inst. of Rock and Soil Mechanics	127282	53337	11520	62425
测量与地球物理研究所 Inst. of Geodesy and Geophysics	30638	11932	2285	16421
武汉植物园 Wuhan Botanical Garden	72053	55213	6439	10401
水生生物研究所 Inst. of Hydrobiology	186713	28097	27197	131419
武汉病毒研究所 Wuhan Inst. of Virology	106501	17585	18575	70341
广东省、湖南省 Guangdong and Hunan Provinces	943067	284852	171253	486962
广州地球化学研究所 Guangzhou Inst. of Geochemistry	135805	36009	29045	70751
南海海洋研究所 South China Sea Inst. of Oceanology	226370	63085	27482	135803
华南植物园 South China Botanical Garden	136644	36292	11270	89082
广州能源研究所 Guangzhou Inst. of Energy Conversion	73666	32472	6107	35087
亚热带农业生态研究所 Inst. of Subtropical Agriculture	56572	13263	11600	31709
广州生物医药与健康研究院 Guangzhou Institutes of Biomedicine and Health	117929	31203	22355	64371
深圳先进技术研究院 Shenzhen Institutes of Advanced Technology	196081	72528	63394	60159
四川省 Sichuan Province	616194	155436	70894	389864
成都山地灾害与环境研究所 Chengdu Inst. of Mountain Hazards and Environment	101685	26131	13382	62172

续表 6-4

地区及学科 Region and field	科研活动经费内部支出合计 Total internal expenditure for scientific research activities	人员费用 Personnel cost	设备购置费 Expenditure for purchasing equipment	其他日常支出 Other daily expenditure
成都生物研究所 Chengdu Inst. of Biology	76154	28572	9722	37860
光电技术研究所 Inst. of Optics and Electronics	438355	100733	47790	289832
云南省、贵州省 Yunnan and Guizhou Provinces	443797	143493	69473	230831
地球化学研究所 Inst. of Geochemistry	98375	27336	11729	59310
昆明植物研究所 Kunming Inst. of Botany	138298	47377	16730	74191
西双版纳热带植物园 Xishuangbanna Tropical Botanical Garden	87185	32617	19630	34938
昆明动物研究所 Kunming Inst. of Zoology	119939	36163	21384	62392
陕西省 Shaanxi Province	377502	91872	51050	234580
地球环境研究所 Inst. of Earth Environment	48152	9542	6542	32068
西安光学精密机械研究所 Xi'an Inst. of Optics and Precision Mechanics	234899	56252	35276	143371
国家授时中心 National Time Service Center	94451	26078	9232	59141
甘肃省、青海省 Gansu and Qinghai Provinces	668121	170658	143085	354378
近代物理研究所 Inst. of Modern Physics	224698	39118	60360	125220
兰州化学物理研究所 Lanzhou Inst. of Chemical Physics	145904	39901	31912	74091
寒区旱区环境与工程研究所 Cold and Arid Regions Environmental and Engineering Research Inst.	197519	51448	40449	105622
青海盐湖研究所 Qinghai Inst. of Saline Lakes	46183	17682	4307	24194
西北高原生物研究所 Northwest Inst. of Plateau Biology	53817	22509	6057	25251
新疆维吾尔自治区 Xinjiang Uygur Autonomous Region	194597	49956	46365	98276
新疆理化技术研究所 Xinjiang Technical Inst. of Physics and Chemistry	63697	19140	17584	26973
新疆生态与地理研究所 Xinjiang Inst. of Ecology and Geography	130900	30816	28781	71303

注：科技活动经费内部支出不包括本机构委托外单位或与外单位合作而拨给对方的经费。

Note: The total internal expenditure of S&T activities does not include the funds allocated by the institution to other units for cooperation.

6-5 科研机构基本建设投资完成情况(2010 年)

Capital Construction Expenditure in CAS Research Institutions: 2010

单位：千元 (thousand yuan)

地区及学科 Region and field	基本建设投资实际完成额 Actual expenditure in capital construction investment	科研仪器设备 Scientific research instruments and equipment	科研土建工程 Civil engineering projects for scientific research	生产经营土建与设备 Civil engineering for production, operation and equipment	生活土建与设备 Civil engineering for living and equipment
总　计 Total	**3223362**	**982494**	**2032997**		**207871**
一、按地区、分院分 By region and branch					
北京分院(筹) Beijing Branch	1857179	513074	1255312		88793
沈阳分院 Shenyang Branch	231556	111543	118118		1895
长春分院 Changchun Branch	150825	47295	102990		540
上海分院 Shanghai Branch	332060	155562	175148		1350
南京分院 Nanjing Branch	16058	3219	12299		540
合肥地区 Hefei Area	185721	31162	57212		97347
武汉分院 Wuhan Branch	53993	7137	46856		
广州分院 Guangzhou Branch	81528		81528		
成都分院 Chengdu Branch	81552	9856	71696		

续表 6-5

地区及学科 Region and field	基本建设投资实际完成额 Actual expenditure in capital construction investment	科研仪器设备 Scientific research instruments and equipment	科研土建工程 Civil engineering projects for scientific research	生产经营土建与设备 Civil engineering for production, operation and equipment	生活土建与设备 Civil engineering for living and equipment
昆明分院 Kunming Branch	129866	72138	57458		270
西安分院 Xi'an Branch	73653	28799	29680		15174
兰州分院 Lanzhou Branch	23432	1894	19576		1962
新疆分院 Xinjiang Branch	5939	815	5124		
二、按学科分 By field					
数学、物理 Mathematics & physics	510735	87028	323318		100389
化学与化工 Chemistry & chemical engineering	427289	163575	262094		1620
地学 Earth sciences	329013	111584	129441		87988
生物学 Biological sciences	643657	104623	537144		1890
技术科学 Technological sciences	1242147	515684	710479		15984
其他 Others	70521		70521		

6-6 科研机构科研仪器

Original Value of Scientific Equipment and

单位：千元

地区、学科及科研单位 Region，field and research institution	合 计 Total				
	总 额 (千元) Total value (thousand yuan)	100 千元以上 Above 100 (thousand yuan)	100 千元以上台(套)数 Over 100 thousand yuan (set)	其中：进口 (千元) Of which: Imported (thousand yuan)	100 千元以上 Above 100 (thousand yuan)
总 计 Total	**22274305**	**16174724**	**37352**	**11965448**	**10087260**
一、按地区、分院分 By region and branch					
北京分院(筹) Beijing Branch	9920676	7040194	12935	5003847	4277133
沈阳分院 Shenyang Branch	1904833	1533341	3720	1098572	1007081
长春分院 Changchun Branch	1009668	770467	1369	537686	472386
上海分院 Shanghai Branch	4220375	3149223	11639	2717866	2262345
南京分院 Nanjing Branch	551041	240637	924	218405	128420
合肥地区 Hefei Area	750722	610165	898	236045	211759
武汉分院 Wuhan Branch	475752	318314	629	323678	191916
广州分院 Guangzhou Branch	658648	522023	827	440638	385740
成都分院 Chengdu Branch	456362	347125	680	291235	256816
昆明分院 Kunming Branch	408999	271608	539	260335	182921
西安分院 Xi'an Branch	497661	358057	725	247197	219630
兰州分院 Lanzhou Branch	1252988	909826	2217	497746	408390
新疆分院 Xinjiang Branch	166580	103744	250	92198	82723

设备原值情况(2010 年)

Instrumentation in CAS Research Institutions: 2010

(thousand yuan)

其中: 20 世纪 90 年代制造 Of which: Made in the 1990s				其中: 2000 年及以后制造 Of which: Made after 2000			
总 额 (千元) Total value (thousand yuan)	100 千元以上 Above 100 (thousand yuan)	其中: 进口 (千元) Of which: Imported (thousand yuan)	100 千元以上 Above 100 (thousand yuan)	总 额 (千元) Total value (thousand yuan)	100 千元以上 Above 100 (thousand yuan)	其中: 进口 (千元) Of which: Imported (thousand yuan)	100 千元以上 Above 100 (thousand yuan)
1724660	**1335490**	**1131253**	**987560**	**19577866**	**14488692**	**34157**	**10553498**
760116	584949	498320	446777	8625205	6343960	11643	4415848
130183	102718	91060	77733	1741892	1404496	3456	981858
61002	49813	40598	37529	894026	699636	1178	443185
358915	273390	287177	245020	3726080	2828025	10976	2404109
28800	15328	17779	9838	504753	220387	851	195144
114164	108352	29047	27612	619453	487800	836	204816
31211	22053	21658	20380	437693	281971	545	287563
32971	27214	29058	24961	586243	455716	755	402827
40134	27157	24638	20622	403808	316456	594	254848
32492	22839	22451	18790	367781	241573	483	211751
35034	27480	24858	22502	409635	314879	632	217731
91352	68671	39606	31427	1106760	798118	1983	449774
8286	5526	5003	4369	154537	95675	225	84044

地区、学科及科研单位 Region，field and research institution	合 计 Total				
	总 额 (千元) Total value (thousand yuan)	100 千元以上 Above 100 (thousand yuan)	100 千元以上台(套)数 Over 100 thousand yuan (set)	其中：进口 (千元) Of which: Imported (thousand yuan)	100 千元以上 Above 100 (thousand yuan)
二、按学科分 By field					
数学、物理 Mathematics & physics	6079672	4712490	7999	2331527	1944581
化学与化工 Chemistry & chemical engineering	3592677	2657857	5707	2195017	1917970
地学 Earth sciences	2473393	1672888	4512	1390885	1181378
生物学 Biological sciences	3860213	2562534	5790	2754338	2116524
技术科学 Technological sciences	6245988	4568955	13344	3293681	2926807
其他 Others	22362				
三、按科研单位分 By institute					
北京市 Beijing	9920676	7040194	12935	5003847	4277133
数学与系统科学研究院 Academy of Mathematics and Systems Science	76259	18715	20	5350	5350
物理研究所 Inst. of Physics	670633	543620	887	544536	493561
声学研究所 Inst. of Acoustics	508152	437073	478	97329	86092
理论物理研究所 Inst. of Theoretical Physics	21052	8557	10	6093	6093
高能物理研究所 Inst. of High Energy Physics	1222814	924192	1635	438952	355696
国家天文台 National Astronomical Observatories of China	597278	527238	430	98230	93370
力学研究所 Inst. of Mechanics	228618	144023	351	75758	68666
理化技术研究所 Technical Inst. of Physics and Chemistry	254544	172426	439	75336	63983

续表 6-6

其中: 20 世纪 90 年代制造 Of which: Made in the 1990s				其中: 2000 年及以后制造 Of which: Made after 2000			
总 额 (千元) Total value (thousand yuan)	100 千元以上 Above 100 (thousand yuan)	其中: 进口 (千元) Of which: Imported (thousand yuan)	100 千元以上 Above 100 (thousand yuan)	总 额 (千元) Total value (thousand yuan)	100 千元以上 Above 100 (thousand yuan)	其中: 进口 (千元) Of which: Imported (thousand yuan)	100 千元以上 Above 100 (thousand yuan)
445532	346608	188850	158648	5412910	4206801	7234	2085996
254640	207143	195687	185115	3240066	2409372	5196	1951040
188787	153634	136824	121636	2177236	1461926	4134	1219385
288482	187276	222724	163536	3539559	2347179	5159	2481970
546905	440829	387168	358625	5197767	4063414	12434	2815107
314				10328			
760116	584949	498320	446777	8625205	6343960	11643	4415848
				73737	18715	20	5350
54393	44344	44684	40929	602033	489579	793	488089
12758	9386	5163	4412	491860	427241	455	90085
				21052	8557	10	6093
68350	41374	29026	18334	1123069	867410	1494	394134
36295	31540	7499	6814	540191	473878	378	87580
37639	29421	26645	24671	161912	89880	258	46439
16554	11427	239	212	237233	160314	414	75097

地区、学科及科研单位 Region，field and research institution	合 计 Total				
	总 额 (千元) Total value (thousand yuan)	100 千元以上 Above 100 (thousand yuan)	100 千元以上台(套)数 Over 100 thousand yuan (set)	其中：进口 (千元) Of which: Imported (thousand yuan)	100 千元以上 Above 100 (thousand yuan)
化学研究所 Inst. of Chemistry	381118	287863	669	367862	252649
生态环境研究中心 Research Center for Eco-Environmental Sciences	193928	126054	355	139908	108559
国家纳米科学中心 National Center for Nanoscience and Technology	138557	89345	140	90743	86044
过程工程研究所 Inst. of Process Engineering	275186	198185	438	116146	105817
遥感应用研究所 Inst. of Remote Sensing Application	77489	45309	95	19930	19249
地理科学与资源研究所 Inst. of Geographic Sciences and Natural Resources Research	191177	101311	240	79862	76010
青藏高原研究所 Inst. of Tibetan Plateau Research	60381	43404	170	45035	38509
古脊椎动物与古人类研究所 Inst. of Vertebrate Paleontology and Paleoanthropology	24684	10220	23	11079	10220
地质与地球物理研究所 Inst. of Geology and Geophysics	383836	268697	560	237489	221996
大气物理研究所 Inst. of Atmospheric Physics	217485	126431	305	92737	80003
植物研究所 Inst. of Botany	148988	100198	238	123514	93336
动物研究所 Inst. of Zoology	177834	92889	267	138324	84979
心理研究所 Inst. of Psychology	37548	21766	70	19797	17123
微生物研究所 Inst. of Microbiology	180971	117106	380	156066	112159
生物物理研究所 Inst. of Biophysics	417250	355290	516	352333	325808
遗传与发育生物学研究所 Inst. of Genetics and Developmental Biology	266025	156997	415	124550	100333
北京基因组研究所 Beijing Inst. of Genomics	147926	141518	136	123575	115875

续表 6-6

其中: 20 世纪 90 年代制造 Of which: Made in the 1990s				其中: 2000 年及以后制造 Of which: Made after 2000			
总 额 (千元) Total value (thousand yuan)	100 千元以上 Above 100 (thousand yuan)	其中: 进口 (千元) Of which: Imported (thousand yuan)	100 千元以上 Above 100 (thousand yuan)	总 额 (千元) Total value (thousand yuan)	100 千元以上 Above 100 (thousand yuan)	其中: 进口 (千元) Of which: Imported (thousand yuan)	100 千元以上 Above 100 (thousand yuan)
33022	29810	29580	28637	345803	256316	622	336411
8470	5877	6484	5717	169877	119501	339	123171
				138557	89345	140	90743
21948	12967	13169	11306	246972	183199	392	99178
6009	4976	4292	4214	71461	40333	85	15638
5333	2826	1824	1824	185823	98485	228	78038
				60381	43404	170	45035
2716	660	660	660	20382	8610	22	9469
45426	42612	41385	40468	300298	221455	486	191047
14959	13073	2592	2406	200117	111099	276	89335
10630	8405	9122	7776	138358	91793	214	114392
16511	10250	13730	8981	152659	82382	226	121394
2640	2093	1561	1561	34908	19673	63	18236
24997	11922	20796	11922	155124	104860	325	134444
18921	17821	12865	11004	392897	333121	456	335211
9140	2058	1705	1431	256518	154834	406	122845
				147926	141518	136	123575

地区、学科及科研单位 Region，field and research institution	合 计 Total				
	总 额 (千元) Total value (thousand yuan)	100 千元以上 Above 100 (thousand yuan)	100 千元以上 台(套)数 Over 100 thousand yuan (set)	其中: 进口 (千元) Of which: Imported (thousand yuan)	100 千元以上 Above 100 (thousand yuan)
计算技术研究所 Inst. of Computing Technology	182864	87233	196	43979	41191
软件研究所 Inst. of Software	76940	24010	92	6288	5728
半导体研究所 Inst. of Semiconductors	488026	423601	618	333265	312664
微电子研究所 Inst. of Microelectronics	267518	231791	339	206442	200098
电子学研究所 Inst. of Electronics	758353	371446	827	260178	232185
自动化研究所 Inst. of Automation	71728	27344	72	12989	12826
光电研究院 Academy of Opto-Electronics	221761	118982	182	141451	83785
电工研究所 Inst. of Electrical Engineering	111097	70047	192	64157	40273
工程热物理研究所 Inst. of Engineering Thermophysics	64794	40138	111	18580	14331
空间科学与应用研究中心 Center for Space Science and Applied Research	258987	169031	363	107976	99694
对地观测与数字地球科学中心 Center for Earth Observation and Digital Earth	273780	253324	267	155381	151007
自然科学史研究所 Inst. of History of Natural Sciences	10642				
科技政策与管理科学研究所 Inst. of Policy and Management	11720				
山西煤炭化学研究所 Shanxi Inst. of Coal Chemistry	222733	164820	409	72627	61871
辽宁省、山东省 Liaoning and Shandong Provinces	1904833	1533341	3720	1098572	1007081
大连化学物理研究所 Dalian Inst. of Chemical Physics	791091	629345	1322	441658	413920
沈阳应用生态研究所 Shenyang Inst. of Applied Ecology	80530	43737	151	36963	22892

续表 6-6

其中: 20 世纪 90 年代制造 Of which: Made in the 1990s				其中: 2000 年及以后制造 Of which: Made after 2000			
总额 (千元) Total value (thousand yuan)	100 千元以上 Above 100 (thousand yuan)	其中: 进口 (千元) Of which: Imported (thousand yuan)	100 千元以上 Above 100 (thousand yuan)	总额 (千元) Total value (thousand yuan)	100 千元以上 Above 100 (thousand yuan)	其中: 进口 (千元) Of which: Imported (thousand yuan)	100 千元以上 Above 100 (thousand yuan)
5410	2695	2198	1895	177297	84399	189	41641
670				76270	24010	92	6288
69165	61958	52624	49801	413890	357614	537	277054
56949	56032	54086	53808	197966	164034	280	139916
17417	12610	12585	10302	429758	358024	774	246219
431	117			71285	27227	71	12989
50615	22079	22055	21716	171146	96903	150	119396
8765	5907	7246	5507	100522	63828	175	56019
8361	6653	2030	1501	54452	32617	82	16371
33789	27108	17522	15122	223575	141127	278	89398
46958	45842	43771	43371	226544	207369	234	111610
314				10328			
14561	11106	11182	10475	203024	151306	373	57918
130183	102718	91060	77733	1741892	1404496	3456	981858
43836	34987	29383	27106	741941	589762	1245	407192
8411	6697	7377	4187	71838	37040	130	29510

地区、学科及科研单位 Region，field and research institution	合 计 Total				
	总 额 (千元) Total value (thousand yuan)	100 千元以上 Above 100 (thousand yuan)	100 千元以上台(套)数 Over 100 thousand yuan (set)	其中：进口 (千元) Of which: Imported (thousand yuan)	100 千元以上 Above 100 (thousand yuan)
沈阳自动化研究所 Shenyang Inst. of Automation	131073	95038	205	60707	50736
金属研究所 Inst. of Metal Research	534896	476975	733	302015	295083
海洋研究所 Inst. of Oceanology	253131	205897	472	187350	158521
烟台海岸带研究所 Yantai Inst. of Coastal Zone Research	64149	42279	789	41417	37506
青岛生物能源与过程研究所 Qingdao Inst. of Bioenergy and Bioprocess Technology	49963	40070	48	28462	28423
吉林省 Jilin Province	1009668	770467	1369	537686	472386
长春应用化学研究所 Changchun Inst. of Applied Chemistry	356798	288958	564	263582	239624
东北地理与农业生态研究所 Northeast Inst. of Geography and Agricultural Ecology	142195	123538	130	21067	19406
长春光学精密机械与物理研究所 Changchun Inst. of Optics，Fine Mechanics and Physics	510675	357971	675	253037	213356
上海市、福建省、浙江省 Shanghai,Fujian Province, and Zhejiang Province	4220375	3149223	11639	2717866	2262345
上海应用物理研究所 Shanghai Inst. of Applied Physics	218593	133976	379	90742	76809
上海天文台 Shanghai Observatory	108974	75076	182	36888	32408
上海硅酸盐研究所 Shanghai Inst. of Ceramics	409229	357939	608	269358	260376
上海有机化学研究所 Shanghai Inst. of Organic Chemistry	244618	205554	393	176572	159273
上海药物研究所 Shanghai Inst. of Materia Medica	309112	246402	437	281720	232221
上海生命科学研究院 Shanghai Institutes for Biological Sciences	1130053	701521	1787	804809	573062
上海微系统与信息技术研究所 Shanghai Inst. of Microsystem and Information Technology	461177	400217	660	289594	277656

续表 6-6

其中: 20 世纪 90 年代制造 Of which: Made in the 1990s				其中: 2000 年及以后制造 Of which: Made after 2000			
总 额 (千元) Total value (thousand yuan)	100 千元以上 Above 100 (thousand yuan)	其中: 进口 (千元) Of which: Imported (thousand yuan)	100 千元以上 Above 100 (thousand yuan)	总 额 (千元) Total value (thousand yuan)	100 千元以上 Above 100 (thousand yuan)	其中: 进口 (千元) Of which: Imported (thousand yuan)	100 千元以上 Above 100 (thousand yuan)
5133	2130	2785	818	123665	90856	189	56205
50937	44156	33610	32354	461249	416921	618	253319
21866	14748	17905	13268	229087	187568	437	165753
				64149	42279	789	41417
				49963	40070	48	28462
61002	49813	40598	37529	894026	699636	1178	443185
29989	26355	26661	25349	318048	254065	461	224832
7833	7034	1824	1824	132752	115412	111	18692
23180	16424	12113	10356	443226	330159	606	199661
358915	273390	287177	245020	3726080	2828025	10976	2404109
11459	6594	5778	5223	200123	122688	351	79819
5573	4555	1804	1170	71866	55979	166	34379
36112	30902	30148	29751	363429	320655	556	233659
26318	23884	23520	22143	214269	177619	354	153014
9676	8362	8813	8362	295878	234482	416	269349
138752	92711	118278	89455	990975	608810	1517	686371
31083	27346	24106	23000	428778	370695	617	264312

地区、学科及科研单位 Region，field and research institution	合 计 Total				
	总 额 (千元) Total value (thousand yuan)	100 千元以上 Above 100 (thousand yuan)	100 千元以上台(套)数 Over 100 thousand yuan (set)	其中：进口 (千元) Of which: Imported (thousand yuan)	100 千元以上 Above 100 (thousand yuan)
上海光学精密机械研究所 Shanghai Inst. of Optics and Fine Mechanics	409945	285064	547	251782	193166
上海技术物理研究所 Shanghai Inst. of Technical Physics	556018	458635	880	383646	334460
福建物质结构研究所 Fujian Inst. of Research on the Structure of Matter	172649	111654	242	92575	84944
宁波材料技术与工程研究所 Ningbo Inst. of Material Technology and Engineering	141923	132888	5452	6395	5477
城市环境研究所 Inst. of Urban Environment	58084	40297	72	33785	32493
江苏省 Jiangsu Province	551041	240637	924	218405	128420
紫金山天文台 Purple Mountain Observatory	194806	161827	357	69571	63725
南京地理与湖泊研究所 Nanjing Inst. of Geography and Limnology	86274	58	197	59994	48
南京地质古生物研究所 Nanjing Inst. of Geology and Palaeontology	44237	28532	62	32380	25732
南京土壤研究所 Nanjing Inst. of Soil Science	81949	48989	132	44446	37785
苏州纳米技术与纳米仿生研究所 Suzhou Inst. of Nano-tech and Nano-bionics	143775	1231	176	12014	1130
安徽省 Anhui Province	750722	610165	898	236045	211759
合肥物质科学研究院 Hefei Institutes of Physical Sciences	750722	610165	898	236045	211759
湖北省 Hubei Province	475752	318314	629	323678	191916
武汉物理与数学研究所 Wuhan Inst. of Physics and Mathematics	198724	168901	240	160570	64079
武汉岩土力学研究所 Wuhan Inst. of Rock and Soil Mechanics	38795	19887	53	16980	15550
测量与地球物理研究所 Inst. of Geodesy and Geophysics	22923	12966	34	9743	8755

续表 6-6

其中: 20 世纪 90 年代制造 Of which: Made in the 1990s				其中: 2000 年及以后制造 Of which: Made after 2000			
总 额 (千元) Total value (thousand yuan)	100 千元以上 Above 100 (thousand yuan)	其中: 进口 (千元) Of which: Imported (thousand yuan)	100 千元以上 Above 100 (thousand yuan)	总 额 (千元) Total value (thousand yuan)	100 千元以上 Above 100 (thousand yuan)	其中: 进口 (千元) Of which: Imported (thousand yuan)	100 千元以上 Above 100 (thousand yuan)
27628	21130	19839	17927	337158	261971	488	229631
60844	49316	46534	40437	485924	400264	769	330819
11470	8590	8357	7552	137673	101677	218	82576
				141923	132888	5452	6395
				58084	40297	72	33785
28800	15328	17779	9838	504753	220387	851	195144
7512	4952	3138	2957	183432	153349	335	63055
6944	5	6231	5	78672	52	177	53183
5820	4396	4742	3973	26860	24136	48	26114
8524	5975	3668	2903	72014	41619	115	40778
				143775	1231	176	12014
114164	108352	29047	27612	619453	487800	836	204816
114164	108352	29047	27612	619453	487800	836	204816
31211	22053	21658	20380	437693	281971	545	287563
16015	14884	14489	14096	181353	153258	218	144778
8451	1820	2374	1695	28627	18067	39	14604
3784	3458	2767	2698	16505	7114	21	4342

地区、学科及科研单位 Region，field and research institution	合 计 Total				
	总 额 (千元) Total value (thousand yuan)	100 千元以上 Above 100 (thousand yuan)	100 千元以上台(套)数 Over 100 thousand yuan (set)	其中：进口 (千元) Of which: Imported (thousand yuan)	100 千元以上 Above 100 (thousand yuan)
武汉植物园 Wuhan Botanical Garden	31193	9855	40	12510	4920
水生生物研究所 Inst. of Hydrobiology	95400	57925	162	63885	57585
武汉病毒研究所 Wuhan Inst. of Virology	88717	48780	100	59990	41027
广东省、湖南省 Guangdong and Hunan Provinces	658648	522023	827	440638	385740
广州地球化学研究所 Guangzhou Inst. of Geochemistry	141291	118668	192	119668	113240
南海海洋研究所 South China Sea Inst. of Oceanology	156055	136516	236	103427	89209
华南植物园 South China Botanical Garden	54898	30214	70	29481	21110
广州生物医药与健康研究院 Guangzhou Institutes of Biomedicine and Health	107966	74089	180	88604	71145
广州能源研究所 Guangzhou Inst. of Energy Conversion	72742	52834	101	15435	14325
亚热带农业生态研究所 Inst. of Subtropical Agriculture	27970	18411	48	16814	14225
深圳先进技术研究院 Shenzhen Institutes of Advanced Technology	97726	91291		67209	62486
四川省 Sichuan Province	456362	347125	680	291235	256816
成都山地灾害与环境研究所 Chengdu Inst. of Mountain Hazards and Environment	42350	24057	75	29226	18548
成都生物研究所 Chengdu Inst. of Biology	66397	36393	98	38561	29394
光电技术研究所 Inst. of Optics and Electronics	347615	286675	507	223448	208874
云南省、贵州省 Yunnan and Guizhou Provinces	408999	271608	539	260335	182921
地球化学研究所 Inst. of Geochemistry	88936	75055	98	74774	69936

续表 6-6

其中: 20 世纪 90 年代制造 Of which: Made in the 1990s				其中: 2000 年及以后制造 Of which: Made after 2000			
总额 (千元) Total value (thousand yuan)	100 千元以上 Above 100 (thousand yuan)	其中: 进口 (千元) Of which: Imported (thousand yuan)	100 千元以上 Above 100 (thousand yuan)	总额 (千元) Total value (thousand yuan)	100 千元以上 Above 100 (thousand yuan)	其中: 进口 (千元) Of which: Imported (thousand yuan)	100 千元以上 Above 100 (thousand yuan)
529	221	258	221	30221	9354	38	12252
				95400	47370	135	53669
2432	1670	1770	1670	85587	46808	94	57918
32971	27214	29058	24961	586243	455716	755	402827
14483	13793	14105	13673	124192	102568	165	103196
9564	9564	8999	8999	109865	90326	212	88042
4810	948	4338	706	50088	29266	61	25143
				107966	74089	180	88604
3012	2172	1616	1583	69711	50662	93	13819
1102	737			26695	17514	44	16814
				97726	91291		67209
40134	27157	24638	20622	403808	316456	594	254848
5082	3114	2765	2349	33456	20042	52	18067
7983	3276	4829	3276	57571	33116	87	33470
27069	20767	17044	14997	312781	263298	455	203311
32492	22839	22451	18790	367781	241573	483	211751
10426	9881	10013	9881	78108	64771	85	64761

地区、学科及科研单位 Region，field and research institution	合 计 Total				
	总 额 (千元) Total value (thousand yuan)	100 千元以上 Above 100 (thousand yuan)	100 千元以上台(套)数 Over 100 thousand yuan (set)	其中: 进口 (千元) Of which: Imported (thousand yuan)	100 千元以上 Above 100 (thousand yuan)
昆明植物研究所 Kunming Inst. of Botany	165417	108290	213	76512	38470
西双版纳热带植物园 Xishuangbanna Tropical Botanical Garden	47996	24295	86	25298	16767
昆明动物研究所 Kunming Inst. of Zoology	106650	63968	142	83751	57748
陕西省 Shaanxi Province	497661	358057	725	247197	219630
地球环境研究所 Inst. of Earth Environment	55529	50757	85	49345	45972
西安光学精密机械研究所 Xi'an Inst. of Optics and Precision Mechanics	206350	114420	325	89727	77406
国家授时中心 National Time Service Center	235782	192880	315	108125	96252
甘肃省、青海省 Gansu and Qinghai Provinces	1252988	909826	2217	497746	408390
近代物理研究所 Inst. of Modern Physics	682259	515803	1229	218700	162792
兰州化学物理研究所 Lanzhou Inst. of Chemical Physics	217576	165206	337	125257	117272
寒区旱区环境与工程研究所 Cold and Arid Regions Environmental and Engineering Research Inst.	268274	173283	523	102701	81698
青海盐湖研究所 Qinghai Inst. of Saline Lakes	45419	31703	54	26715	26491
西北高原生物研究所 Northwest Inst. of Plateau Biology	39460	23831	74	24373	20137
新疆维吾尔自治区 Xinjiang Uygur Autonomous Region	166580	103744	250	92198	82723
新疆理化技术研究所 Xinjiang Technical Inst. of Physics and Chemistry	71667	58131	96	52322	48396
新疆生态与地理研究所 Xinjiang Inst. of Ecology and Geography	94913	45613	154	39876	34327

续表 6-6

其中: 20 世纪 90 年代制造 Of which: Made in the 1990s				其中: 2000 年及以后制造 Of which: Made after 2000			
总 额 (千元) Total value (thousand yuan)	100 千元以上 Above 100 (thousand yuan)	其中: 进口 (千元) Of which: Imported (thousand yuan)	100 千元以上 Above 100 (thousand yuan)	总 额 (千元) Total value (thousand yuan)	100 千元以上 Above 100 (thousand yuan)	其中: 进口 (千元) Of which: Imported (thousand yuan)	100 千元以上 Above 100 (thousand yuan)
10797	5354	2084	1305	146297	96143	186	48295
1950	1534	1534	1534	46046	22761	84	23764
9319	6070	8820	6070	97330	57898	128	74931
35034	27480	24858	22502	409635	314879	632	217731
4640	4371	4576	4371	50889	46386	74	44769
19489	16387	15404	14130	152921	97257	285	73525
10905	6722	4878	4001	205825	171236	273	99437
91352	68671	39606	31427	1106760	798118	1983	449774
42190	28696	11253	4096	604599	454259	1109	204359
25836	20466	15909	15785	179038	138384	287	107504
18890	16138	9974	9080	248163	156505	484	92540
3078	2199	1294	1294	37660	26312	33	22828
1358	1172	1176	1172	37300	22658	70	22543
8286	5526	5003	4369	154537	95675	225	84044
3274	2541	2833	2426	66545	54591	85	47882
5012	2985	2170	1943	87992	41084	140	36162

6-7 科研机构研究与试验发展人员全时当量
Full-time Equivalent of R&D Personnel in Research Institutions

单位：人·年 (man·year)

年 份 Year	研究与试验发展人员全时当量 Total full-time equivalent of R&D personnel (A)	基础研究 Basic research	应用研究 Applied research	试验发展 Experimental development	其中：科学家和工程师 Among which: Scientists and engineers (B)	比 重 % of total (B/A)
1996	30677	10890	16259	3528	25455	83.0
1997	30181	10956	16237	2988	25085	83.1
1998	30611	11295	16591	2725	26585	86.8
1999	28436	10408	15810	2218	24771	87.1
2000	28084	11262	14940	1882	24666	87.8
2001	25199	10584	13154	1461	22541	89.5
2002	27646	11114	15205	1327	23413	84.7
2003	30937	12529	16892	1516	25903	83.7
2004	34898	14521	18901	1476	29457	84.4
2005	37246	15494	20076	1676	31014	83.3
2006	38911	17061	19283	2567	31589	81.2
2007	44307	14653	25205	4449	37026	83.6
2008	45358	15713	25235	4410	37416	82.5
2009	51230	18224	29378	3628		
2010	56015	20203	31829	3983		

注：R&D 人员折合全时工作量=R&D 课题人员折合全时工作量+管理 R&D 课题的科技管理人员和为 R&D 课题提供直接服务的科技服务人员的折合全时工作量。

Note: The full-time equivalent of R&D personnel is equivalent to the full-time equivalent of R&D project personnel plus that of management and service personnel directly for the R&D projects.

6-8 科研机构研究与试验发展经费支出
Research Institution R&D Expenditure

单位: 亿元 (100 million yuan)

年 份 Year	研究与试验发展经费支出 Total R&D expenditure	基础研究 Basic research	比重 % of total	应用研究 Applied research	比重 % of total	试验发展 Experimental development	比重 % of total	占全国R&D经费支出% Percentage of national R&D expenditure
1996	21.90	6.88	31.4	11.11	50.7	3.91	17.9	5.4
1997	24.73	7.62	30.8	13.52	54.7	3.59	14.5	4.9
1998	27.33	8.66	31.7	14.84	54.3	3.83	14.0	5.0
1999	31.24	10.62	34.0	16.81	53.8	3.81	12.2	4.6
2000	40.28	14.82	36.8	21.70	53.9	3.76	9.3	4.5
2001	53.60	21.35	39.8	28.05	52.3	4.20	7.9	5.1
2002	78.08	29.20	37.4	43.33	55.5	5.55	7.1	6.1
2003	82.84	29.99	36.2	46.86	56.6	5.99	7.2	5.4
2004	93.20	33.53	36.0	53.39	57.3	6.28	6.7	4.7
2005	106.57	36.55	34.3	62.24	58.4	7.78	7.3	4.4
2006	109.87	40.98	37.3	58.12	52.9	10.77	9.8	3.7
2007	125.25	41.42	33.1	71.25	56.9	12.58	10.0	3.4
2008	153.53	53.27	34.7	85.42	55.6	14.93	9.7	3.3
2009	199.98	71.14	35.6	114.68	57.3	14.16	7.1	3.7
2010	223.61	80.65	36.1	127.06	56.8	15.9	7.1	3.2

注：研究与试验发展经费支出包括用于R&D活动的科研基建费。

Note: The total R&D expenditure includes the capital construction of scientific research for R&D activities.

6-9 科研机构科技活动课题基本情况

Basic Statistics of S&T Projects in CAS Research Institutions

年份 Year	课题数 Projects	课题经费支出(千元) Expenditure by project (thousand yuan)	课题参加人员全时当量(人·年) Full-time equivalent of project participants (man·year)	科学家和工程师 Scientists & engineers
1985	6220	298448	30650	23756
1986	6217	256235	30337	23144
1987	7091	334353	29125	22989
1988	7579	406347	29565	24477
1989	8287	478258	31015	26115
1990	8476	500561	30283	26780
1991	8051	472828	25463	22063
1992	9503	665757	24769	22342
1993	9922	818096	26405	24010
1994	9996	1129106	25374	23149
1995	10139	1169028	23382	21774
1996	9359	1144557	22742	21341
1997	10011	1475554	24437	22945
1998	10738	1626599	24665	23173
1999	10346	1967568	23206	21989
2000	10745	2622420	23202	21832
2001	10370	3084858	22009	20737

续表 6-9

年 份 Year	课题数 Projects	课题经费支出(千元) Expenditure by project (thousand yuan)	课题参加人员全时当量(人·年) Full-time equivalent of project participants (man·year)	科学家和工程师 Scientists & engineers
2002	10997	3958123	26454	23989
2003	11491	4358637	27101	24709
2004	12026	4968575	30408	28297
2005	12712	5526474	33360	30711
2006	14400	5778352	34753	32247
2007	17699	7473185	40283	38765
2008	19908	9148493	41027	39178
2009	23180	11576790	45694	
2010	25421	14214655	49403	

注：1. 课题数包括基础研究、应用研究、试验发展、研究与试验发展成果应用、科技服务和生产性活动课题。

Note: The figures include projects in basic research, applied research, experimental development, application of research and experimental development results, scientific and technical services and productive activities.

2. 课题参加人员全时当量包括参与全部课题的本单位人员及流动人员。

The full-time equivalent of project participants includes those who are from the institute as well as the staff on mobility for the project.

6-10 科研机构科技活动课题综合情况(2010 年)
Statistics of S&T Projects in CAS Research Institutions: 2010

地区及学科 Region and field	课题数 Projects		课题经费支出(千元) Expenditure by project (thousand yuan)	课题参加人员全时当量(人·年) Full-time equivalent of project participants (man·year)	
		当年开题 Number of projects started		本单位人员 Institution staff	流动人员 Staff on mobility
总 计 Total	**25421**	**7041**	**14214655**	**26071**	**23332**
一、按地区、分院分 By region and branch					
北京分院(筹) Beijing Branch	10439	2943	6389759	10028	11710
沈阳分院 Shenyang Branch	1773	483	995764	2367	1321
长春分院 Changchun Branch	845	206	951105	2074	1124
上海分院 Shanghai Branch	4237	1131	2586229	3907	3016
南京分院 Nanjing Branch	1181	333	432292	783	673
合肥地区 Hefei Area	431	118	300294	969	454
武汉分院 Wuhan Branch	1326	400	508299	817	1229
广州分院 Guangzhou Branch	1699	466	536228	1200	892
成都分院 Chengdu Branch	651	197	371681	894	577

续表 6-10

地区及学科 Region and field	课题数 Projects		课题经费支出 (千元) Expenditure by project (thousand yuan)	课题参加人员全时当量(人·年) Full-time equivalent of project participants (man·year)	
		当年开题 Number of projects started		本单位人员 Institution staff	流动人员 Staff on mobility
昆明分院 Kunming Branch	1021	214	243873	643	780
西安分院 Xi'an Branch	319	120	235026	634	235
兰州分院 Lanzhou Branch	1054	268	536340	1350	939
新疆分院 Xinjiang Branch	445	162	127765	405	382
二、按学科分 By field					
数学、物理 Mathematics & physics	4490	1336	2672214	5486	4242
化学与化工 Chemistry & chemical engineering	3484	931	2190852	4029	3483
地学 Earth sciences	5527	1548	1776244	3604	3739
生物学 Biological sciences	6336	1513	2903750	4720	5840
技术科学 Technological sciences	5369	1583	4621194	8070	5866
其他 Others	215	130	50401	162	162

注：流动人员指参与课题研究的在学研究生、在站博士后、客座人员及外聘人员等。

Note: The staff on mobility refers to the post graduates, post doctorate researchers, visiting scholars and invited staff who are participating in project research.

6-11 科研机构科技活动课

Total S&T Projects in CAS Research

地区及学科 Region and field	基础研究课题 Basic research				
	课题数 Projects	课题经费支出(千元) Expenditure by project (thousand yuan)	课题参加人员全时当量(人·年) Full-time equivalent of project participants (man·year)		课题数 Projects
			本单位人员 Institution staff	流动人员 Staff on mobility	
总 计 Total	**11038**	**4679112**	**9176**	**9855**	**12443**
一、按地区、分院分 By region and branch					
北京分院(筹) Beijing Branch	4482	2226416	3755	5134	5402
沈阳分院 Shenyang Branch	401	173601	451	337	1257
长春分院 Changchun Branch	197	70906	281	107	487
上海分院 Shanghai Branch	2135	840954	1416	1333	1795
南京分院 Nanjing Branch	412	110839	260	244	671
合肥地区 Hefei Area	193	177426	534	256	206
武汉分院 Wuhan Branch	745	259961	444	773	544
广州分院 Guangzhou Branch	678	187040	449	372	771
成都分院 Chengdu Branch	209	61949	172	211	312
昆明分院 Kunming Branch	774	172693	473	566	193
西安分院 Xi'an Branch	82	26558	90	37	225
兰州分院 Lanzhou Branch	604	337889	778	396	306
新疆分院 Xinjiang Branch	126	32880	73	89	274

题按活动类型分类(2010 年)
Institutions, by Type of Research: 2010

应用研究课题 Applied research			试验发展课题 Experimental development			
课题经费支出(千元) Expenditure by project (thousand yuan)	课题参加人员全时当量(人·年) Full-time equivalent of project participants (man·year)		课题数 Projects	课题经费支出(千元) Expenditure by project (thousand yuan)	课题参加人员全时当量(人·年) Full-time equivalent of project participants (man·year)	
	本单位人员 Institution staff	流动人员 Staff on mobility			本单位人员 Institution staff	流动人员 Staff on mobility
7927553	**13536**	**11641**	**948**	**940517**	**1862**	**1113**
3843592	5544	5995	202	160297	317	239
707196	1716	904	39	53281	80	39
468357	970	536	136	379853	767	458
1498446	2142	1535	182	101697	146	89
281058	439	380	72	31175	66	36
111085	385	173	3	755	4	3
209864	299	433	16	7646	8	8
240012	548	384	93	31238	61	52
172111	377	291	60	112043	234	44
60513	129	190	14	1121	6	4
151573	391	171	4	2038	7	12
108735	350	424	97	46307	128	76
75011	246	225	30	13066	38	53

地区及学科 Region and field	基础研究课题 Basic research				
	课题数 Projects	课题经费支出(千元) Expenditure by project (thousand yuan)	课题参加人员全时当量(人·年) Full-time equivalent of project participants (man·year)		课题数 Projects
			本单位人员 Institution staff	流动人员 Staff on mobility	
二、按学科分 By field					
数学、物理 Mathematics & physics	2313	1276360	2496	1975	1922
化学与化工 Chemistry & chemical engineering	1122	538052	1131	1358	1968
地学 Earth sciences	2989	883063	2013	2116	2304
生物学 Biological sciences	3739	1655542	2670	3393	2412
技术科学 Technological sciences	825	311993	819	986	3675
其他 Others	50	14102	47	27	162

地区及学科 Region and field	研究与试验发展成果应用课题 Application of R&D results				
	课题数 Projects	课题经费支出(千元) Expenditure by project (thousand yuan)	课题参加人员全时当量(人·年) Full-time equivalent of project participants (man·year)		课题数 Projects
			本单位人员 Institution staff	流动人员 Staff on mobility	
总 计 Total	**443**	**325741**	**613**	**353**	**509**
一、按地区、分院分 By region and branch					
北京分院(筹) Beijing Branch	176	95525	184	194	172
沈阳分院 Shenyang Branch	55	53519	97	26	19
长春分院 Changchun Branch	4	1262	3	2	18
上海分院 Shanghai Branch	55	113565	102	36	64
南京分院 Nanjing Branch	3	634	2	2	23

续表 6-11

应用研究课题 Applied research			试验发展课题 Experimental development			
课题经费支出(千元) Expenditure by project (thousand yuan)	课题参加人员全时当量(人・年) Full-time equivalent of project participants (man・year)		课题数 Projects	课题经费支出(千元) Expenditure by project (thousand yuan)	课题参加人员全时当量(人・年) Full-time equivalent of project participants (man・year)	
	本单位人员 Institution staff	流动人员 Staff on mobility			本单位人员 Institution staff	流动人员 Staff on mobility
1207806	2449	2024	86	45080	100	94
1341151	2303	1839	245	175629	347	176
782847	1407	1467	103	32046	56	73
1207500	1895	2321	55	13526	52	55
3352171	5368	3856	459	674236	1307	715
36078	114	134				

科技服务课题 S&T services			生产性活动课题 Production activities			
课题经费支出(千元) Expenditure by project (thousand yuan)	课题参加人员全时当量(人・年) Full-time equivalent of project participants (man・year)		课题数 Projects	课题经费支出(千元) Expenditure by project (thousand yuan)	课题参加人员全时当量(人・年) Full-time equivalent of project participants (man・year)	
	本单位人员 Institution staff	流动人员 Staff on mobility			本单位人员 Institution staff	流动人员 Staff on mobility
282116	**771**	**322**	**40**	**59616**	**114**	**47**
59615	201	125	5	4314	27	23
6387	19	13	2	1780	4	2
25174	42	17	3	5553	11	4
27331	89	21	6	4236	11	1
8586	16	11				

地区及学科 Region and field	研究与试验发展成果应用课题 Application of R&D results				
	课题数 Projects	课题经费支出 (千元) Expenditure by project (thousand yuan)	课题参加人员全时当量(人・年) Full-time equivalent of project participants (man・year)		课题数 Projects
			本单位人员 Institution staff	流动人员 Staff on mobility	
合肥地区 Hefei Area	3	803	2	3	25
武汉分院 Wuhan Branch	6	5385	15	6	15
广州分院 Guangzhou Branch	34	9247	20	12	118
成都分院 Chengdu Branch	55	21840	88	22	9
昆明分院 Kunming Branch	11	1325	5	5	26
西安分院 Xi'an Branch	4	4419	16	4	3
兰州分院 Lanzhou Branch	28	13218	43	30	11
新疆分院 Xinjiang Branch	9	4999	36	11	6
二、按学科分 By field					
数学、物理 Mathematics & physics	58	50202	127	48	104
化学与化工 Chemistry & chemical engineering	68	90370	114	45	72
地学 Earth sciences	35	6770	19	15	96
生物学 Biological sciences	56	8873	29	33	69
技术科学 Technological sciences	226	169526	324	212	165
其他 Others					3

续表 6-11

科技服务课题 S&T services			生产性活动课题 Production activities			
课题经费支出(千元) Expenditure by project (thousand yuan)	课题参加人员全时当量(人・年) Full-time equivalent of project participants (man・year)		课题数 Projects	课题经费支出(千元) Expenditure by project (thousand yuan)	课题参加人员全时当量(人・年) Full-time equivalent of project participants (man・year)	
	本单位人员 Institution staff	流动人员 Staff on mobility			本单位人员 Institution staff	流动人员 Staff on mobility
9882	43	18	1	343	1	2
25443	50	9				
68691	121	71	5		1	
2454	5	7	6	1284	19	2
7180	26	13	3	1041	4	2
14408	116	11	1	36030	16	1
25156	30	3	8	5035	20	10
1809	13	3				
89604	300	76	7	3162	15	24
34708	110	55	9	10942	25	11
71518	108	67				
17075	69	34	5	1234	5	3
68990	183	89	19	44278	69	9
221	1	1				

6-12 科研机构科技活动课题
Total S&T Projects in CAS Research

地区及学科 Region and field	国 家 State				
	课题数 Projects	课题经费支出(千元) Expenditure by project (thousand yuan)	课题参加人员全时当量(人·年) Full-time equivalent of project participants (man·year)		课题数 Projects
			本单位人员 Institution staff	流动人员 Staff on mobility	
总 计 Total	**12816**	**8465115**	**13588**	**13722**	**4685**
一、按地区、分院分 By region and branch					
北京分院(筹) Beijing Branch	6066	4179298	5770	7539	1865
沈阳分院 Shenyang Branch	960	527449	1217	802	265
长春分院 Changchun Branch	449	716864	1384	733	127
上海分院 Shanghai Branch	1858	1347850	1869	1706	669
南京分院 Nanjing Branch	537	240021	289	324	250
合肥地区 Hefei Area	246	140318	437	218	119
武汉分院 Wuhan Branch	587	242829	348	656	195
广州分院 Guangzhou Branch	711	225356	473	361	269
成都分院 Chengdu Branch	287	271530	508	286	158
昆明分院 Kunming Branch	383	119763	256	364	280
西安分院 Xi'an Branch	169	183718	398	129	107
兰州分院 Lanzhou Branch	428	223474	521	471	278
新疆分院 Xinjiang Branch	135	46645	118	133	103

按主要任务来源分类(2010 年)
Institutions, by Source of Project: 2010

中国科学院 CAS			地 方 Locality			
课题经费支出(千元) Expenditure by project (thousand yuan)	课题参加人员全时当量(人・年) Full-time equivalent of project participants (man・year)		课题数 Projects	课题经费支出(千元) Expenditure by project (thousand yuan)	课题参加人员全时当量(人・年) Full-time equivalent of project participants (man・year)	
	本单位人员 Institution staff	流动人员 Staff on mobility			本单位人员 Institution staff	流动人员 Staff on mobility
2860099	**5229**	**4307**	**2611**	**539033**	**1989**	**1691**
1246500	1996	2131	335	66115	228	303
168293	392	150	135	29784	205	86
115392	267	147	144	31013	198	128
534097	652	460	763	177341	555	429
108001	214	150	142	22760	84	83
128346	383	171	20	9286	38	26
86752	145	181	242	65865	124	143
161762	228	173	372	59084	268	193
51098	152	135	64	15826	39	60
64472	181	187	175	18954	84	97
32508	154	61	6	2294	4	1
127189	357	250	87	11080	59	38
35689	108	111	126	29631	103	104

地区及学科 Region and field	国 家 State				
	课题数 Projects	课题经费支出(千元) Expenditure by project (thousand yuan)	课题参加人员全时当量(人·年) Full-time equivalent of project participants (man·year)		课题数 Projects
			本单位人员 Institution staff	流动人员 Staff on mobility	
二、按学科分 By field					
数学、物理 Mathematics & physics	2255	1442134	2645	2337	981
化学与化工 Chemistry & chemical engineering	1673	1083034	1759	1904	554
地学 Earth sciences	2783	975906	1815	2057	1064
生物学 Biological sciences	3157	1729468	2388	3531	1260
技术科学 Technological sciences	2870	3219489	4933	3826	764
其他 Others	78	15084	48	68	62

地区及学科 Region and field	企业委托 Entrusted by enterprises				
	课题数 Projects	课题经费支出(千元) Expenditure by project (thousand yuan)	课题参加人员全时当量(人·年) Full-time equivalent of project participants (man·year)		课题数 Projects
			本单位人员 Institution staff	流动人员 Staff on mobility	
总 计 Total	**1991**	**819171**	**1950**	**1239**	**2427**
一、按地区、分院分 By region and branch					
北京分院(筹) Beijing Branch	908	267489	720	602	884
沈阳分院 Shenyang Branch	231	210307	347	145	134
长春分院 Changchun Branch	39	23764	46	24	75
上海分院 Shanghai Branch	257	102904	245	129	560
南京分院 Nanjing Branch	50	7351	36	24	169

续表 6-12

中国科学院 CAS			地方 Locality			
课题经费支出(千元) Expenditure by project (thousand yuan)	课题参加人员全时当量(人·年) Full-time equivalent of project participants (man·year)		课题数 Projects	课题经费支出(千元) Expenditure by project (thousand yuan)	课题参加人员全时当量(人·年) Full-time equivalent of project participants (man·year)	
	本单位人员 Institution staff	流动人员 Staff on mobility			本单位人员 Institution staff	流动人员 Staff on mobility
683192	1414	923	345	112423	298	247
414981	740	702	387	79559	378	264
387123	751	814	617	91112	311	316
679108	1080	1088	703	106355	450	438
676437	1190	731	507	138429	520	387
19258	54	49	52	11155	32	39

研究所自选 Institute self-selection			国际合作 International cooperation			
课题经费支出(千元) Expenditure by project (thousand yuan)	课题参加人员全时当量(人·年) Full-time equivalent of project participants (man·year)		课题数 Projects	课题经费支出(千元) Expenditure by project (thousand yuan)	课题参加人员全时当量(人·年) Full-time equivalent of project participants (man·year)	
	本单位人员 Institution staff	流动人员 Staff on mobility			本单位人员 Institution staff	流动人员 Staff on mobility
1153232	**2379**	**1769**	**415**	**167505**	**381**	**319**
471026	923	838	167	75175	136	173
46817	144	112	26	10448	42	23
57165	135	75	6	5546	36	14
388669	518	261	89	22855	41	20
45471	134	81	21	7321	17	9

地区及学科 Region and field	企业委托 Entrusted by enterprises				
	课题数 Projects	课题经费支出(千元) Expenditure by project (thousand yuan)	课题参加人员全时当量(人・年) Full-time equivalent of project participants (man・year)		课题数 Projects
			本单位人员 Institution staff	流动人员 Staff on mobility	
合肥地区 Hefei Area	11	6889	24	11	29
武汉分院 Wuhan Branch	102	55853	106	63	120
广州分院 Guangzhou Branch	136	62897	112	73	179
成都分院 Chengdu Branch	102	18775	129	66	31
昆明分院 Kunming Branch	46	9289	26	22	76
西安分院 Xi'an Branch	7	5252	14	6	7
兰州分院 Lanzhou Branch	84	45106	118	69	116
新疆分院 Xinjiang Branch	18	3295	27	5	47
二、按学科分 By field					
数学、物理 Mathematics & physics	256	131331	332	197	526
化学与化工 Chemistry & chemical engineering	414	232157	514	292	359
地学 Earth sciences	293	99627	161	150	494
生物学 Biological sciences	366	96933	262	225	590
技术科学 Technological sciences	655	256953	671	371	447
其他 Others	7	2170	10	4	11

续表 6-12

研究所自选 Institute self-selection			国际合作 International cooperation			
课题经费支出(千元) Expenditure by project (thousand yuan)	课题参加人员全时当量(人・年) Full-time equivalent of project participants (man・year)		课题数 Projects	课题经费支出(千元) Expenditure by project (thousand yuan)	课题参加人员全时当量(人・年) Full-time equivalent of project participants (man・year)	
	本单位人员 Institution staff	流动人员 Staff on mobility			本单位人员 Institution staff	流动人员 Staff on mobility
9422	52	21	3	5164	30	5
44630	61	113	27	6012	14	22
23520	104	81	10	1498	4	5
10098	58	23	8	4288	6	7
18184	72	70	37	9436	18	26
6643	34	13				
24379	110	69	9	16353	24	3
7208	34	12	12	3409	13	12
250821	563	445	34	23769	53	24
320253	480	238	52	43605	108	59
95335	315	243	87	22534	44	70
242113	419	418	194	41128	97	90
242558	586	425	47	36417	79	75
2152	16		1	52		1

6-13 科研机构科技活动课题按技术领域分类(2010 年)
Total S&T Projects in CAS Research Institutions, by Field of Technology: 2010

技术领域 Field of Technology	课题数 Projects	课题经费支出 (千元) Expenditure by project (thousand yuan)	课题参加人员全时当量(人·年) Full-time equivalent of project participants (man·year)	
			本单位人员 Institution staff	流动人员 Staff on mobility
合 计 Total	**19782**	**12015586**	**21373**	**18361**
信息技术 Information technology	2950	2339085	4132	3553
生物和现代农业技术 Biotechnology & modern agricultural technology	5216	2422245	3917	4282
新材料技术 New materials technology	2207	1297533	2434	1773
能源技术 Energy technology	1113	679291	1440	1071
激光技术 Laser technology	326	382604	631	398
先进制造与自动化技术 Advanced manufacturing & automation technology	638	568895	1235	585
航天技术 Space technology	554	1005600	1366	719
资源与环境技术 Resources & environmental technology	4763	1975521	3498	4271
其他技术领域 Other technologies	2015	1344812	2720	1709

6-14 科研机构科技著作
S&T Works Published by CAS Research Institutions

年 份 Year	科技专著 S&T works		译成外文 Those translated into foreign languages		用作大专院校教科书 Those used as text books for universities and colleges		科普著作 Popular science books	
	万字 Ten thousand Chinese characters	种 Title	万字 Ten thousand Chinese characters	种 Title	万字 Ten thousand Chinese characters	种 Title	万字 Ten thousand Chinese characters	种 Title
1985	4323		288		293		601	
1986	4529		413		410		474	
1987	5625	195	717	21	945	33	587	37
1988	8191	455	667	38	854	36	818	35
1989	7798	297	356	18	432	22	984	37
1990	11477	345	285	20	769	27	931	47
1991	9221	319	625	19	900	23	1105	41
1992	8316	245	463	18	383	11	357	12
1993	9792	292	1294	38	125	6	405	16
1994	13978	334	1398	29	248	9	1005	42
1995	11922	337	741	23	241	8	518	25
1996	11044	297	1430	36	109	5	481	24
1997	9541	296	621	19	179	5	990	36
1998	12712	347	804	25	539	14	861	36
1999	14474	371	1866	32	337	12	1114	55
2000	17327	429	1304	42	172	10	2979	103
2001	14650	348	648	31	418	17	2628	97
2002	15319	534	1289	37	1046	20	1102	83
2003	13467	401	1143	31	1303	21	1321	55
2004	15486	330	854	31	607	12	1622	68
2005	12228	330	884	35	414	15	800	60
2006	12178	323	758	24	508	13	1339	40
2007	10723	273	988	30	445	9	926	43
2008	12848	330	866	45	243	5	1001	48
2009	12887	329	1032	50	874	55	1343	48
2010	14248	288	810	35	155	3	419	20

6-15 科研机构科技著作(2010 年)

S&T Works Published by CAS Research Institutions: 2010

地区及学科 Region and field	科技专著 S&T works		译成外文 Those translated into foreign languages		用作大专院校教科书 Those used as text books for universities and colleges		科普著作 Popular science books	
	万字 Ten thousand Chinese characters	种 Title	万字 Ten thousand Chinese characters	种 Title	万字 Ten thousand Chinese characters	种 Title	万字 Ten thousand Chinese characters	种 Title
总 计 Total	**14248**	**288**	**810**	**35**	**155**	**3**	**419**	**20**
一、按地区、分院分 By region and branch								
北京分院(筹) Beijing Branch	5999	154	553	23	66	1	285	11
沈阳分院 Shenyang Branch	970	24	13	2				
长春分院 Changchun Branch	402	14	13	1	70	1		
上海分院 Shanghai Branch	379	12	32	4				
南京分院 Nanjing Branch	978	22					80	2
合肥地区 Hefei Area								
武汉分院 Wuhan Branch	357	9					18	3
广州分院 Guangzhou Branch	643	9	150	1				
成都分院 Chengdu Branch	369	8			19	1	23	2

续表 6-15

地区及学科 Region and field	科技专著 S&T works		译成外文 Those translated into foreign languages		用作大专院校教科书 Those used as text books for universities and colleges		科普著作 Popular science books	
	万字 Ten thousand Chinese characters	种 Title	万字 Ten thousand Chinese characters	种 Title	万字 Ten thousand Chinese characters	种 Title	万字 Ten thousand Chinese characters	种 Title
昆明分院 Kunming Branch	2606	12	33	2			13	1
西安分院 Xi'an Branch	27	1						
兰州分院 Lanzhou Branch	994	13	16	1				
新疆分院 Xinjiang Branch	524	10		1				1
二、按学科分 By field								
数学、物理 Mathematics & physics	1706	38	136	5	66	1	12	1
化学与化工 Chemistry & chemical engineering	1453	37	42	4	70	1		
地学 Earth sciences	4036	95	222	10	19	1	261	10
生物学 Biological sciences	5139	67	242	7			131	8
技术科学 Technological sciences	1227	34	160	8				
其他 Others	687	17	8	1			15	1

6-16 学校及公共支撑机构科技活动课题综合情况(2010 年)

Statistics of S&T Projects in Universities and CAS Supporting Institutions: 2010

单 位 Unit	课题数合计 Total projects	当年开题 Number of projects started	课题经费支出(千元) Expenditure by project (thousand yuan)	课题参加人员全时当量(人·年) Full-time equivalent of project participants (man·year)	
				本单位人员 Institution staff	流动人员 Staff on mobility
总 计 **Total**	**2174**	**1066**	**715928**	**1861**	**656**
中国科学技术大学 University of Science and Technology of China	1504	780	355590	1247	439
中国科学院研究生院 Graduate University of Chinese Academy of Sciences	332	128	73451	202	103
计算机网络信息中心 Computer Network Information Center	143	72	251935	211	88

续表 6-16

单 位 Unit	课题数合计 Total projects	当年开题 Number of projects started	课题经费支出(千元) Expenditure by project (thousand yuan)	课题参加人员全时当量(人·年) Full-time equivalent of project participants (man·year)	
				本单位人员 Institution staff	流动人员 Staff on mobility
国家科学图书馆(筹) National Science Library	84	28	23467	100	18
国家科学图书馆武汉分馆(筹) The Wuhan Branch of the National Science Library	45	32	5073	32	1
国家科学图书馆成都分馆(筹) The Chengdu Branch of the National Science Library	15	5	3651	29	6
国家科学图书馆兰州分馆(筹) The Lanzhou Branch of the National Science Library	51	21	2761	40	1

6-17 国家重点实验

Basic Statistics of Staff in the

单位: 人

国家重点实验室名称 Names of the state key laboratories	固定研究人员 Permanent researchers	高 级 Senior
总 计 Total	**5627**	**3542**
数学、物理 Mathematics & physics		
中国科学技术大学合肥微尺度物质科学国家实验室(筹) Hefei National Laboratory For Physical Sciences At the Microscale, University of Science and Technology of China	173	133
中国科学院物理研究所北京凝聚态物理国家实验室(筹) Beijing National Laboratory For Condensed Matter Physics, Institute of Physics, CAS	456	261
中国科学院武汉物理与数学研究所波谱与原子分子物理国家重点实验室 State Key Laboratory of Magnetic Resonance and Atomic and Molecular Physics and Mathematics, Wuhan Institute of Physics, CAS	81	62
中国科学院声学研究所声场与声信息国家重点实验室 State Key Laboratory of Acoustics, Speech and Signal Processing, Institute of Acoustics, CAS	40	30
中国科学院力学研究所非线性力学国家重点实验室 State Key Laboratory of Nonlinear Mechanics, Institute of Mechanics, CAS	46	30
中国科学院数学与系统科学研究院科学与工程计算国家重点实验室 State Key Laboratory of Scientific and Engineering Computing, Academy of Mathmatics and System Science, CAS	44	28
中国科学院半导体研究所半导体超晶格国家重点实验室 State Key Laboratory of Superlattices and Microstructures, Institute of Semiconductors, CAS	27	22
中国科学院上海光学精密机械研究所强场激光物理国家重点实验室 State Key Laboratory of High Field Laser Physics, Shanghai Institute of Optics and Fine Mechanics, CAS	47	31
化 学 Chemistry		
中国科学院化学研究所北京分子科学国家实验室(筹) Beijing National Laboratory For Molecular Sciences,Institute of Chemistry, CAS	234	233
中国科学院大连化学物理研究所催化基础国家重点实验室 State Key Laboratory of Catalysis, Dalian Institute of Chemical Physics, CAS	73	51

室人员情况(2010 年)

State Key Laboratories: 2010

(person)

客座研究人员 Guest researchers			人才培养 Talent training		
	国 外 Overseas	国内高级 Senior	博士后 Postdocs	博 士 Candidates for doctor's degree	硕 士 Candidates for master's degree
2634	**523**	**1304**	**876**	**9444**	**5266**
33	21	12	23	383	413
12		12	25	485	240
102	6	23	5	123	108
62	2	18	5	36	31
8	4	4	3	42	53
5		3	6	147	41
11	3	8	2	64	25
28	3	23	3	80	33
110	7	103	60	722	19
15	9	4	21	85	45

国家重点实验室名称 Names of the state key laboratories	固定研究人员 Permanent researchers	
		高 级 Senior
中国科学院大连化学物理研究所、化学研究所分子反应动力学国家重点实验室 State Key Laboratory of Molecular Reaction Dynamics, Dalian Institute of Chemical Physics and Institute of Chemistry, CAS	54	30
中国科学院上海有机化学研究所生命有机化学国家重点实验室 State Key Laboratory of Bio - Organic and Natural Products Chemistry, Shanghai Institute of Organic Chemistry, CAS	43	16
中国科学院福建物质结构研究所结构化学国家重点实验室 State Key Laboratory of Structural Chemistry, Fujian Institute of Research on the Structure of Matter, CAS	52	50
中国科学院兰州化学物理研究所羰基合成和选择氧化国家重点实验室 State Key Laboratory of Oxo Synthesis and Selective Oxidation, Lanzhou Institute of Chemical Physics, CAS	54	32
中国科学院山西煤炭化学研究所煤转化国家重点实验室 State Key Laboratory of Coal Conversion, Shanxi Institute of Coal Chemistry, CAS	34	32
中国科学院化学研究所、长春应用化学研究所高分子物理与化学国家重点实验室 State Key Laboratory of Polymer Physics and Chemistry, Institute of Chemistry and Changchun Institute of Applied Chemistry, CAS	44	42
中国科学院上海有机化学研究所金属有机化学国家重点实验室 State Key Laboratory of Organometallic Chemistry, Shanghai Institute of Organic Chemistry, CAS	55	24
中国科学院长春应用化学研究所电分析化学国家重点实验室 State Key Laboratory of Electroanalytical Chemistry, Changchun Institute of Applied Chemistry, CAS	54	34
中国科学院长春应用化学研究所稀土资源利用国家重点实验室 State Key Laboratory of Rare Earth Resource Utilization,Changchun Institute of Applied Chemistry,CAS	82	38
中国科学院过程工程研究所多相复杂系统国家重点实验室 State Key Laboratory of Multiphase Complex Systems, Institute of Process Engineering, CAS	75	48
资源、环境 Resources & environment		
中国科学院大气物理研究所大气科学及地球流体力学数值模拟国家重点实验室 State Key Laboratory of Numerical Modeling for Atmospheric Sciences and Geophysical Fluid Dynamics, Institute of Atmospheric Physics, CAS	66	42
中国科学院广州地球化学研究所有机地球化学国家重点实验室 State Key Laboratory of Organic Geochemistry, Guangzhou Institute of Geochemistry, CAS	58	47
中国科学院地理科学与资源研究所资源与环境信息系统国家重点实验室 State Key Laboratory of Resources and Environmental Information System, Institute of Geographic Sciences and Natural Resources Research, CAS	103	57

续表 6-17

客座研究人员 Guest researchers			人才培养 Talent training		
	国 外 Overseas	国内高级 Senior	博士后 Postdocs	博 士 Candidates for doctor's degree	硕 士 Candidates for master's degree
14	6	8	10	73	37
1	1		11	46	39
45		26	9	192	123
28		20	1	55	50
56	2	30	2	167	89
28	1	10	17	189	33
22		22	2	144	47
31	14	17	14	210	69
30		13	19	106	48
27	5	21	18	90	48
42	19	18	3	61	26
33		14	14	153	113
			29	100	73

国家重点实验室名称 Names of the state key laboratories	固定研究人员 Permanent researchers	高级 Senior
中国科学院寒区旱区环境与工程研究所冻土工程国家重点实验室 State Key Laboratory of Frozen Soil Engineering, Cold and Arid Regions Environmental and Engineering Research Institute, CAS	51	30
中国科学院地球环境研究所黄土与第四纪地质国家重点实验室 State Key Laboratory of Loess and Quaternary Geology, Institute of Earth Environment, CAS	45	27
中国科学院大气物理研究所大气边界层物理和大气化学国家重点实验室 State Key Laboratory of Atmospheric Boundary Layer Physics and Atmospheric Chemistry, Institute of Atmospheric Physics, CAS	57	34
环境模拟与污染控制国家重点实验室(清华大学、中国科学院生态环境研究中心、北京大学等) State Key Laboratory of Environmental Aquatic Chemistry (Tsinghua University, Research Center for Eco-Environmental Sciences, CAS, and Peking University)	79	34
中国科学院地球化学研究所环境地球化学国家重点实验室 State Key Laboratory of Environmental Geochemistry, Institute of Geochemistry, CAS	80	50
黄土高原土壤侵蚀与旱地农业国家重点实验室(水土保持与生态环境研究中心) State Key Laboratory of Soil Erosion and Dryland Farming on Loess Plateau(Inst. of Soil and Water Conservation and Eco-Environmental Sciences)	56	38
中国科学院南京地质古生物研究所现代古生物学和地层学国家重点实验室 State Key Laboratory of Palaeobiology and Stratigraphy, Nanjing Institute of Geology and Palaeontology, CAS	41	37
遥感科学国家重点实验室(中国科学院遥感应用研究所、北京师范大学) State Key Laboratory of Remote Sensing Science (Institute of Remote Sensing Applications, CAS and Beijing Normal University)	55	41
中国科学院南京土壤研究所土壤与农业可持续发展国家重点实验室 State Key Laboratory of Soil and Sustainable Agriculture,Institute of Soil Science, CAS	70	52
中国科学院地质与地球物理研究所岩石圈演化国家重点实验室 State Key Laboratory of Lithospheric Evolution,Institute of Geology and Geophysics, CAS	45	44
中国科学院生态环境研究中心环境化学与生态毒理学国家重点实验室 State Key Laboratory of Environmental Chemistry and Ecotoxicology,Research Center for Eco-Environmental Sciences, CAS	63	40
中国科学院空间科学与应用研究中心空间天气国家重点实验室 State Key Laboratory of Space Weather,Center for Space Science and Applied Research, CAS	63	34
中国科学院地球化学研究所矿床地球化学国家重点实验室 State Key Laboratory of Ore Deposit Geochemistry, Institute of Geochemistry, CAS	72	44
中国科学院南京地理与湖泊研究所湖泊与环境国家重点实验室 State Key Laboratory of Lake Science and Environments, Nanjing Institute of Geography and Limnology, CAS	63	51
中国科学院寒区旱区环境与工程研究所冰冻圈科学国家重点实验室 State Key Laboratory of Cryospheric Sciences, Cold and Arid Regions Environment and Engineering Research Institute, CAS	70	48

客座研究人员 Guest researchers			人才培养 Talent training		
	国 外 Overseas	国内高级 Senior	博士后 Postdocs	博 士 Candidates for doctor's degree	硕 士 Candidates for master's degree
60	5	23	16	41	27
87	37	50	5	60	49
21	2	1	2	69	14
6	3	6	11	97	44
5	3	2	22	107	53
64	24	23	8	81	130
248	96	116	8	23	34
79	8	20	25	190	176
86		52	14	109	62
			24	100	40
24		2	10	12	10
24	9	15	5	33	31
44	14	27	6	87	47
25	5	18	19	96	75
37	8	29	6	64	16

国家重点实验室名称 Names of the state key laboratories	固定研究人员 Permanent researchers	
		高 级 Senior
中国科学院生态环境研究中心城市与区域生态国家重点实验室 State Key Laboratory of Urban and Regional Ecology, Research Center for Eco-Environmental Sciences,CAS	67	36
中国科学院植物研究所植被与环境变化国家重点实验室 State Key Laboratory of Vegetation and Environmental Change, Institute of Botany, CAS	140	58
生物学 Biological sciences		
中国科学院动物研究所农业虫害鼠害综合治理国家重点实验室 State Key Laboratory of Integrated Management of Pest Insects and Rodents, Institute of Zoology, CAS	65	49
中国科学院生物物理研究所生物大分子国家重点实验室 State Key Laboratory of Biomacromolecules, Institute of Biophysics, CAS	165	80
中国科学院上海生命科学研究院分子生物学国家重点实验室 State Key Laboratory of Molecular Biology, Shanghai Institutes for Biological Sciences, CAS	105	43
中国科学院上海生命科学研究院植物分子遗传国家重点实验室 State Key Laboratory of Plant Molecular Genetics, Shanghai Institutes for Biological Sciences, CAS	99	39
中国科学院水生生物研究所淡水生态与生物技术国家重点实验室 State Key Laboratory of Freshwater Ecology and Biotechnology, Institute of Hydrobiology, CAS	36	34
生物膜与膜生物工程国家重点实验室(中国科学院动物研究所、清华大学、北京大学) State Key Laboratory of Biomembranes and Membrane Biotechnology (Institute of Zoology, CAS, Tsinghua University and Peking University)	38	21
中国科学院动物研究所计划生育生殖生物学国家重点实验室 State Key Laboratory of Reproductive Biology, Institute of Zoology, CAS	46	21
中国科学院微生物研究所微生物资源前期开发国家重点实验室 State Key Laboratory of Microbial Resources, Institute of Microbiology, CAS	58	33
中国科学院上海药物研究所新药研究国家重点实验室 State Key Laboratory of Drug Research, Shanghai Institute of Materia Media, CAS	44	39
中国科学院遗传与发育生物研究所植物细胞与染色体工程国家重点实验室 State Key Laboratory of Plant Cell and Chromosome Engineering, Institute of Genetics and Developmental Biology, CAS	56	24
中国科学院过程工程研究所生化工程国家重点实验室 State Key Laboratory of Biochemical Engineering, Institute of Process Engineering, CAS	54	43

续表 6-17

客座研究人员 Guest researchers	国 外 Overseas	国内高级 Senior	人才培养 Talent training 博士后 Postdocs	博 士 Candidates for doctor's degree	硕 士 Candidates for master's degree
61	1	3	29	117	59
11	9	1	16	78	91
51	3	9	8	79	102
21	7	14	20	272	
13		13	16	152	
21	12	5	16	194	
78	1	45	17	238	130
6		3	18	86	49
14		14	20	103	
25		20	6	98	35
15		14	15	126	142
32		8	15	115	8
57	9	43		86	92

国家重点实验室名称 Names of the state key laboratories	固定研究人员 Permanent researchers	高 级 Senior
中国科学院昆明植物研究所植物化学与西部植物资源持续利用国家重点实验室 State Key Laboratory of Phytochemistry and Plant Resources in west China, Kunming Institute of Botany, CAS	71	52
中国科学院遗传与发育生物学研究所、微生物研究所植物基因组学国家重点实验室 State Key Laboratory of Plant Genomics, Institute of Genetics and Developmental Biology and Institute of Microbiology, CAS	95	44
中国科学院植物研究所系统进化植物学国家重点实验室 State Key Laboratory of Systematic and Evolutionary Botany, Institute of Botany, CAS	76	40
中国科学院生物物理研究所脑与认知科学国家重点实验室 State Key Laboratory of Brain and Cognitive Science, Institute of Biophysics, CAS	79	52
病毒学国家重点实验室(武汉大学、中国科学院武汉病毒研究所) State Key Laboratory of Virology (Wuhan University and Wuhan Institute of Virology, CAS)	58	54
中国科学院上海生命科学研究院神经科学国家重点实验室 State Key Laboratory of Neuroscience, Shanghai Institutes for Biological Sciences, CAS	116	28
中国科学院昆明动物研究所遗传资源与进化国家重点实验室 State Key Labortatory of Genetic Resources and Evolution, Kunming Institute of Zoology, CAS	81	25
技术科学 Technological sciences		
中国科学院金属研究所沈阳材料科学国家(联合)实验室 Shenyang National Laboratory For Materials Science, Institute of Metals Research, CAS	165	108
中国科学院上海技术物理研究所红外物理国家重点实验室 State Key Laboratory of Infrared Physics, Shanghai Institute of Technical Physics, CAS	48	35
传感技术联合国家重点实验室(中国科学院上海微系统与信息技术研究所、电子学研究所等) State Key Laboratory of Transducer Technology (Shanghai Institute of Microsystem and Information Technology and Institute of Electronics, CAS)	83	63
中国科学院长春光学精密机械与物理研究所应用光学国家重点实验室 State Key Laboratory of Applied Optics, Changchun Institute of Optics，Fine Mechanics and Physics, CAS	113	43
中国科学院自动化研究所模式识别国家重点实验室 State Key Laboratory of Pattern Recognition, Institute of Automation, CAS	61	37
中国科学院软件研究所、研究生院信息安全国家重点实验室 State Key Laboratory of Information Security, Institute of Software, CAS and Graduate School of the Chinese Academy of Sciences	78	46

续表 6-17

客座研究人员 Guest researchers			人才培养 Talent training		
	国 外 Overseas	国内高级 Senior	博士后 Postdocs	博 士 Candidates for doctor's degree	硕 士 Candidates for master's degree
24	2	4	1	73	59
43	2	1	27	160	33
21	4	2	7	75	71
30	16	6	12	205	69
11	11		12	330	224
9	9		15	206	18
32	2	12	6	75	55
37	34	3	10	178	112
44	13	44	6	47	19
20	5	12	1	84	133
3		3	1	80	9
44	10	32	10	212	28
1	1		13	99	145

国家重点实验室名称 Names of the state key laboratories	固定研究人员 Permanent researchers	高 级 Senior
集成光电子学国家重点实验室(清华大学、吉林大学、中国科学院半导体研究所) State Key Laboratory of Integrated Photoelectronics (Tsinghua University, Jilin University and Institute of Semiconductors, CAS)	20	20
中国科学院西安光学精密机械研究所瞬态光学与光子技术国家重点实验室 State Key Laboratory of Transient Optics and Technology, Xi'an Institute of Optics and Precision Mechanics, CAS	51	42
中国科学院光电技术研究所微细加工光学技术国家重点实验室 State Key Laboratory of Optical Technologies on Microfabrication, Institute of Optics and Electronics, CAS	57	30
中国科学院上海微系统与信息技术研究所信息功能材料国家重点实验室 State Key Laboratory of Functional Materials for Informatics, Shanghai Institute of Microsystem and Information Technology, CAS	78	41
中国科学技术大学火灾科学国家重点实验室 State Key Laboratory of Fire Science, University of Science and Technology of China	50	35
中国科学院兰州化学物理研究所固体润滑国家重点实验室 State Key Laboratory of Solid Lubrication, Lanzhou Institute of Chemical Physics, CAS	63	36
中国科学院上海硅酸盐研究所高性能陶瓷和超微结构国家重点实验室 State Key Laboratory of High Performance Ceramics and Superfine Microstructure, Shanghai Institute of Ceramics, CAS	55	42
中国科学院金属研究所金属腐蚀与防护国家重点实验室 State Key Laboratory of Metal Corrosion and Protection, Institute of Metals Research, CAS	63	40
中国科学院软件研究所计算机科学国家重点实验室 State Key Laboratory of Computer Science, Institute of Software, CAS	40	30
中国科学院沈阳自动化研究所机器人学国家重点实验室 State Key Laboratory of Robotics, Shenyang Institute of Automation, CAS	79	45
中国科学院武汉岩土力学研究所岩土力学与工程国家重点实验室 State Key Laboratory of Geomechanics and Geotechnical Engineering, Institute of Rock and Soil Mechanics, CAS	69	57

续表 6-17

客座研究人员 Guest researchers			人才培养 Talent training		
	国 外 Overseas	国内高级 Senior	博士后 Postdocs	博 士 Candidates for doctor's degree	硕 士 Candidates for master's degree
69		19	9	61	67
34		12	9	68	50
24	4	16		102	58
63	14	47	10	60	42
66	7	40	8	106	260
11		8	3	118	68
29		26	5	106	27
12	4	8	3	98	42
26	2	21	10	144	67
24	18	6	6	102	27
7	6	1	13	141	112

6-18 国家重点实验

Basic Statistics of Research Projects Conducted

单位: 个

学 科 Field	合 计 Total	国家科技重大专项 National Science and Technology Major Project	科技支撑计划 Key Technology R&D Program	“863”课题 “863” projects	“973”课题 “973” projects
总 计 Total	**7981**	**339**	**176**	**428**	**700**
数学、物理 Mathematics & physics	1052	17	3	43	131
化学 Chemistry	1214	16	11	54	81
资源、环境 Resources & environment	1918	73	85	100	138
生物学 Biological sciences	2213	198	47	129	243
技术科学 Technological sciences	1584	35	30	102	107

6-19 国家重点实验室科研

Statistics of Research Project Funds

单位: 千元

学 科 Field	合 计 Total	国家科技重大专项 National Science and Technology Major Project	科技支撑计划 Key Technology R&D Program	“863”课题 “863” projects	“973”课题 “973” projects
总 计 Total	**4643280**	**1697277**	**108491**	**185688**	**618371**
数学、物理 Mathematics & physics	612515	43847	3380	17974	215016
化学 Chemistry	450823	27994	22362	22466	45547

室课题情况(2010 年)

by the State Key Laboratories: 2010

(unit)

国家基金 重大项目 NSFC Major Program	国家基金 重点项目 NSFC Key Program	部委课题 Projects at the ministerial level	学委会审批 Projects selected by academic committees	国际合作 International cooperative projects	其 他 Others
63	**396**	**2125**	**1065**	**333**	**2356**
13	64	181	63	21	516
9	71	455	175	70	272
14	96	524	385	85	418
19	99	460	228	105	685
8	66	505	214	52	465

课题经费投入情况(2010 年)

for the State Key Laboratories: 2010

(thousand yuan)

国家基金 重大项目 NSFC Major Program	国家基金 重点项目 NSFC Key Program	部委课题 Projects at the ministerial level	学委会审批 Projects selected by academic committees	国际合作 International cooperative projects	其 他 Others
26512	**127037**	**688990**	**68140**	**101512**	**1021262**
5464	31151	88362	5503	7534	194284
4310	19859	113744	9211	29408	155922

学 科 Field	合 计 Total	国家科技重大专项 National Science and Technology Major Project	科技支撑计划 Key Technology R&D Program	“863”课题 “863” projects	“973”课题 “973” projects
资源、环境 Resources & environment	712145	151680	56634	46957	91951
生物学 Biological sciences	1328982	652336	11769	47089	182605
技术科学 Technological sciences	1538815	821420	14346	51202	83252

6-20 国家重点实验室

Statistics of Research Results from

学 科 Field	获奖研究成果 Award-winning S&T Research results (项) (item)				
	国家级奖 National awards			院、部 Academy and	
	特等 Special class	一等 1st class	二等 2nd class	特等 Special class	一等 1st class
总 计 **Total**		**3**	**16**		**37**
数学、物理 Mathematics & physics			2		3
化学 Chemistry			3		7
资源、环境 Resources & environment		1	6		5
生物学 Biological sciences		1	1		6
技术科学 Technological sciences		1	4		16

续表 6-19

国家基金重大项目 NSFC Major Program	国家基金重点项目 NSFC Key Program	部委课题 Projects at the ministerial level	学委会审批 Projects selected by academic committees	国际合作 International cooperative projects	其 他 Others
7600	17530	150537	23276	13850	152130
8460	33232	144986	18480	41268	188757
678	25265	191361	11670	9452	330169

科技成果情况(2010 年)

the State Key Laboratories: 2010

委奖 ministerial awards	论文 Thesis (篇) (No. of articles)		专著 Monographs (种) (title)		授权专利 Patents granted (发明) (Invention) (项) (item)
二等 2nd class	国内发表 Published domestically	国际发表 Published internationally	中文 Chinese language	外文 Foreign language	
21	**3452**	**7871**	**78**	**45**	**1013**
3	198	1413	4	3	109
1	275	1835	5	15	325
8	1530	1487	27	7	65
3	492	1440	24	9	167
6	957	1696	18	11	347

6-21　工程中心总体情况

General Statistics of Engineering Research Centers

项　目　Items	2006年	2007年	2008年	2009年	2010年
一、经济情况 Economic status					
收入总额（万元） Total income (ten thousand yuan)	149841	212817	242102	257897	299521
技术性收入（万元） Technology income (ten thousand yuan)	24314	18051	12770	21556	24326
生产性收入（万元） Production income (ten thousand yuan)	78815	104111	128375	151237	180722
其他（万元） Others (ten thousand yuan)	46712	90654	100957	85105	94473
利税总额（万元） Total profit and tax (ten thousand yuan)	15644	30560	21004	32691	43686
资产总额（万元） Total assets (ten thousand yuan)	252957	334498	315739	381210	462749
固定资产（万元） Fixed assets (ten thousand yuan)	86630	90046	89428	101340	138566
二、基本建设 Capital construction					
计划总投资（万元） Total investment (ten thousand yuan)	145120	149523	123939	115193	142292
已完成总投资（万元） Completed invested (ten thousand yuan)	132917	121812	103286	104583	138195
国家拨款（万元） State allocation (ten thousand yuan)	23326	27380	38286	41974	30550
贷款（万元） Loan (ten thousand yuan)	33825	14173	13120	9182	13532
自筹（万元） Self-raised fund (ten thousand yuan)	70857	73294	57597	62703	70115

续表 6-21

项 目 Items	2006 年	2007 年	2008 年	2009 年	2010 年
其他（万元） Others (ten thousand yuan)	4910	6966	29321	12173	12883
已完成的基建规模 Completed capital construction					
投资（万元） Investment (ten thousand yuan)	66349	42426	43728	50497	67284
面积（平方米） Floor space (m^2)	1521251	271528	275193	329607	372980
三、科技成果 S&T research results					
获奖总数（项） Total awards (item)	28	33	64	74	41
国家级奖 National awards	4	8	10	13	6
省部级奖 Provincial & ministry awards	25	22	54	60	35
其他 Others		3	0	1	0
专利申请量（件） Patents applied (item)	347	598	498	590	1003
专利授权（件） Patents granted (item)	149	203	256	273	355
四、技术转移 Technology transfer					
技术服务、咨询（项） Technical service and consultation (item)	919	1151	1681	1731	1806
技术培训（人次） Technical training (person·time)	10022	11435	10247	10735	9580
受让企业新增产值(万元) Enterprise's newly increased value of output (ten thousand yuan)	556100	594504	669474	320850	578579

6-22 工程中心各

Statistics of Various Kinds of Staff at

工程中心名称 Names of engineering research center	合 计 Total	专业技术人员 Professional technical staff		
			高 级 Senior	中 级 Middle level
总 计 Total	**4471**	**4001**	**979**	**1448**
机器人技术国家工程研究中心 National Engineering Research Center for Robot	898	728	108	151
高档数控国家工程研究中心 National Engineering Center for Hi-End Computer Numerical Control	229	229	40	114
精细石油化工中间体国家工程研究中心 National Engineering for Fine Petrochemical Intermediates	160	160	65	56
工程塑料国家工程研究中心 National Engineering Center for Engineering Plastics	120	120	17	35
信息安全共性技术国家工程研究中心 National Engineering Research Center for Information Security	76	76	2	4
光电子器件国家工程研究中心 National Engineering Research Center for Optoelectronic Devices	122	122	33	45
光盘及其应用国家工程研究中心 National Engineering Research Center for Optical Disks and Applications	95	40	14	10
高性能均质合金国家工程研究中心 National Engineering Center for High Performance Homogenized Alloys	153	79	45	28
膜技术国家工程研究中心 Dalian Membrane Center of Engineering R&D	95	95	11	27
手性药物国家工程研究中心 National Engineering Research Center for Chiral Drugs	106	106	19	41
燃料电池及氢源技术国家工程研究中心 National Engineering Research Center of Fuel Cells and Hydrogen Technology	110	110	15	21
基础软件国家工程研究中心 National Engineering Research Center of Fundamental Software	407	407	27	318
国家网络新媒体工程技术研究中心 National Engineering Research Center for Network New Media Technology	70	70	29	32
国家生化工程技术研究中心 National Engineering Research Center for Biotechnology	57	57	28	14
国家遥感应用工程技术研究中心 National Engineering Research Center for Geoinformatics	125	125	46	56
国家并行计算机工程技术研究中心 National Research Center of Parallel Computer Engineering & Technology	185	185	53	75
国家高性能计算机工程技术研究中心 National Engineering Research Center for High Performance Computer	127	127	9	68

类人员情况(2010 年)

Engineering Research Centers: 2010

学位 Degrees		学历 Education experience			按工作性质分 By working sectors					
博士 Ph.D	硕士 MS	研究生 Post graduate	大学 Graduate	其他 Others	管理人员 Adminis-trative staff	研究开发人员 R&D Staff	质量监督人员 Quality supervision staff	市场营销人员 Market staff	生产人员 Produc-tion staff	其他 Others
630	**1026**	**1678**	**1657**	**1136**	**413**	**2699**	**120**	**269**	**641**	**329**
15	204	219	427	252	94	613	12	35	141	3
10	54	61	133	35	15	125	2	14	14	59
32	28	61	56	43	8	120	4	3	21	4
22	24	43	25	52	12	61	2	14	25	6
9	18	27	26	23	14	49	5	7		1
42	12	54	21	47	21	101				
10	2	41	12	42	9	48	4	4	27	3
35	40	75	54	24	5	51	9	3	19	66
1	9	10	51	34	16	11	4	37	27	
9	17	26	45	35	8	36	11	4	40	7
9	17	26	33	51	10	44	5	6	38	7
40	143	183	196	28	41	312		11		43
24	21	45	20	5	6	52	2	5	4	1
36	11	47	7	3	3	33	2	1	13	5
64	43	107	12	6	8	117				
15	67	81	68	36	5	119	2	9	42	8
8	114	121	5	1	5	91	4	6	21	

工程中心名称 Names of engineering research center	合 计 Total	专业技术人员 Professional technical staff		
			高 级 Senior	中 级 Middle level
国家专用集成电路设计工程技术研究中心 National Engineering Research Center for ASIC Design	78	78	17	30
中国岩土工程研究中心 Chinese Research Center of Geotechnical Engineering	36	36	12	15
国家卫星定位系统工程技术研究中心 National Center of GNSS Engineering Technology	20	20	15	5
国家淡水渔业工程技术研究中心 National Engineering Research Center for Freshwater Fisheries	35	35	17	10
国家金属腐蚀控制工程技术研究中心 National Engineering Research Center for Corrosion Control	108	108	41	20
国家真空仪器装置工程技术研究中心 National Engineering Research Center of Vacuum Instruments	308	161	65	66
国家催化工程技术研究中心 National Engineering Research Center for Catalysis	152	130	20	39
国家光栅制造与应用工程技术研究中心 National Engineering Research Center for Diffraction Gratings Manufacturing and Application	74	74	20	30
国家节水灌溉工程技术研究中心 National Engineering Research Center for Water-Saving irrigation	21	21	10	2
国家天然药物工程技术研究中心 National Engineering and Technology Center for Natural Medicines	28	28	15	10
国家光电子晶体材料工程技术研究中心 National Engineering Research Center for Optoelectronic Crystalline Materials	87	87	32	38
国家环境光学监测仪器工程技术研究中心 National Engineering Research Center of Environmnental Optic Monitoring Instruments	59	59	31	20
国家荒漠-绿洲生态建设工程技术研究中心 National Engineering Technology Research Center for Desert-Oasis Ecological Construction	59	57	34	19
中国科学院计算机语言信息工程研究中心 CAS Engineering Research Center for Computer & Language Information	49	49	2	1
中国科学院放射性药物联合研究开发中心 CAS Engineering Research Center for Radiopharmaceuticals	15	15	8	5
中国科学院有机合成工程研究中心 CAS Engineering Research Center of Organic Synthesis	48	48	16	11
中国科学院精密铜管工程技术研究中心 CAS Engineering Research Cengter for Precised Copper Pipes	30	30	15	8
中国科学院北方液晶工程研究开发中心 North Liquid Crystal Engineering R&D Center	15	15	7	2
中国科学院皮革化工材料工程研究中心 CAS Engineering Research Center for Leather Chemical Materials	61	61	17	6
中国科学院热安全工程研究中心 CAS Engineering Research Center for Thermal Safety	53	53	24	16

续表 6-22

学位 Degrees		学历 Education experience			按工作性质分 By working sectors					
博士 Ph.D	硕士 MS	研究生 Post graduate	大学 Graduate	其他 Others	管理人员 Administrative staff	研究开发人员 R&D Staff	质量监督人员 Quality supervision staff	市场营销人员 Market staff	生产人员 Production staff	其他 Others
38	13	50	20	8	5	62	4	2	5	
3	12	13	19	4	2	21	2	5	4	2
12	3	15	3	2	2	15	1	1		1
12	3	15	18	2	5	17	2	4	7	
12	19	31	49	28	8	55	10	19	13	3
1	19	20	110	178	34	117	8	38	81	30
4	11	14	48	90	23	27	10	22	43	27
11	14	25	31	18	4	35	3	4	16	12
8		8	4	9	2	10				9
2	5	7	18	3	4	17	3		4	
42	31	68	13	6	3	76			8	
31	14	45	8	6	2	48	2		6	1
22	7	29	24	6	4	52			1	2
3	6	9	30	10	11	36		2		
5	2	7	7	1	2	8	1		2	2
17	13	30	16	2	4	44				
2	4	11	12	7	3	27				
3	2	5	6	4	3	6		3		3
6	8	14	15	32	6	19	2	5	19	10
15	16	35	15	3	6	24	4	5		14

主要统计指标解释

人　员

1. 从事科技活动人员

指职工总数中的科技管理人员、课题活动人员和科技服务人员。

科技管理人员　指院、所领导及业务、人事管理人员，包括直接从事科技计划管理、课题管理、成果管理、专利管理、科技统计、科技档案管理、科技外事工作、人事管理、教育培训、财务等活动的人员。

课题活动人员　指编制在研究室或课题组的人员。

科技服务人员　指从事图书、情报、测试、试验、咨询、物资器材供应等工作的人员以及实验室、试验工厂(车间)、试验农场的人员。不包括司机、门卫、食堂人员、医务人员、清洁工以及幼儿园、托儿所工作人员等。

2. 科学家和工程师

指具有大学毕业及以上学历的或具有高、中级技术职称(务)的人员。

3. 其他科技人员

指具有大、中专毕业学历或具有初级技术职称(务)的人员。

4. 从事生产、经营活动人员

指主要从事定型产品的批量生产、单位内部招待所、商店、出版印刷等生产经营和对外服务活动的人员。在机构下属经济实体中的院所编制人员也应包括在内。

经　费

1. 经费

包括暂收(暂付)款，经费收入中各项皆为毛收入。

2. 科技活动收入

政府资金　指由各级政府部门直接拨款或企事业单位利用政府资金委托本机构从事科学技术活动所获得的收入。

★财政补助收入　指由中央或地方财政通过预算的形式拨给本机构的经费，包括正常经费和专项经费。单位收到由财政部门拨给主管部门和上级单位转拨的科学事业费，以及由财政部门拨给上级主管部门和上级单位以科研课题或项目下达的科学事业费，均属财政预算拨款。

★承担政府科研项目收入　指本机构为了开展科学研究、新产品试制、中间试验、科技成果示范性推广等科技活动，通过签订协议、合同或其他形式申请并获得的政府经费，包括课题专项、设备专项和其他专项。

技术性收入　指本机构从事科学技术活动所获得的非政府资金(毛收入)，如：企事业单位和社会团体利用自有资金委托本机构开展科学技术活动所提供的资金，由技术开发收入、技术转让收入、技术咨询及服务收入、学术活动和生产科普活动收入几项合计。

★来自企业 指本机构通过接受企业委托、为企业提供技术开发、技术咨询服务等形式从事科学技术活动而从企业获得的收入。

★技术开发收入 指本机构承接社会各方面委托的有关新技术、新产品、新工艺和新材料及其系统的研究开发任务而获得的收入。

★技术转让收入 指本机构通过专利权转让、专利申请权转让、专利实施许可、非专利技术的转让所获得的收入。

★技术咨询、服务、培训、承包收入 不包括建设工程的勘探、设计、施工、安装和加工承揽。

★国外资金 指中国境外的企业、大学、国际组织、民间组织、金融机构及外国政府提供给在中国境内注册的各类单位用于科技活动的经费。不包括外国在中国注册的企业提供的经费。

★科技活动借贷款 指本机构为开展科技活动从各种渠道获得的各种借、贷款。不论偿还形式、期限和数额如何，均按当年获得的借、贷款额填报。不包括基本建设贷款。

★其他资金 指除上述各项以外可以用于科技活动的收入，包括国内外社会和个人赞助、捐赠、 投资收益等。

3. 科技经费内部支出

指本单位在报告期内用于内部开展科技活动实际支出的费用，包括来自科研渠道以及其他各种渠道的经费实际用于科技活动支出的费用，也包括外协加工费。

★人员费用 指以货币或实物形式直接或间接支付给科技活动人员的劳动报酬及各种费用，包括各种形式的工资、补助工资、津贴、价格补贴、奖金、福利、失业保险、养老保险、医疗保险、工伤保险、人民助学金等，也包括支付给研究生的助学金、奖学金等开支。为科技活动提供间接服务人员的劳务费不计入此项。

★设备购置费 指本单位使用非基本建设投资购建费购买用于科技活动的固定资产的实际支出额。固定资产指长期使用而不改变原有的实物形态，单位价值在规定标准以上的主要物资设备，如科研仪器设备、图书资料、实验材料和标本以及其他科研设备。

★其他日常支出 指本单位用于科技活动除上述以外的支出。例如，用于科技活动的原材料费、水电能源费、差旅费、加工试验费、设备使用费、计算机机时费、资料印刷费等。培训研究生的消耗性支出也一并统计。

基 本 建 设

1. 基本建设投资实际完成额

指本机构在报告期内完成的用货币表示的基本建设工作量。

2. 自筹

指在当年基本建设投资实际完成额中自筹投资的部分，自筹部分应包括拨改贷后须由机构自身偿还的贷款。

3. 科研仪器设备

指本机构在基本建设投资的实际完成额中购置的科研仪器设备总值。非科研设备购置不计入此项。

4. 科研土建工程

指本机构在基本建设投资的实际完成额中完成的科研土建工作量(如科研楼、试验用房等)。非科研土建工程(如住房等)不计入此项。

科 技 活 动

1. 课题活动分类

基础研究 指为获得新知识而进行的独创性研究。其目的是揭示观察到的现象和事实的基本原理和规律，而不以任何特定的实际应用为目的。

应用研究 指为获得新的科学技术知识而进行的独创性研究。它主要针对某一特定的实际应用目的。应用研究通常是为了确定基础研究成果或知识的可能的用途，或是为达到某一具体的、预定的实际目的确定新的方法(原理)或途径。

★区分基础研究与应用研究的主要标志 具有特定的实际应用目的。

试验发展 利用从研究或实际经验获得的知识，为生产新的材料、产品和装置，建立新的工艺和系统，以及对已生产或建立的上述各项进行实质性的改进，而进行的系统性工作。

★区分科学研究(基础研究和应用研究)与试验发展的主要标志 前者主要是为了增加科学技术知识，后者则是为了开辟新的应用领域(如新材料或新技术)。

★区分科学研究与试验发展及其他有关活动的主要标志 具有创新成分的活动归于前者。

研究与试验发展成果应用 为解决 R&D 活动阶段产生的新产品、新装置、新工艺、新技术、新方法、新系统和服务等投入生产或实际应用所存在的技术问题而进行的系统性活动。它不具有创新成分,此类活动包括为达到生产目的而进行的定型设计和试制以及为扩大新产品生产规模和新方法、新技术、新工艺等的应用领域而进行的适应性试验。

★研究与试验发展、研究与试验发展成果应用和工业生产活动三者之间的界限大致划分如下:

(1) 新产品的研制

实质性的新产品，即完全新的新产品或对现有产品的性能进行重大改进的设计、制造和试验，是研究与试验发展活动。对引进(或购买)现成的技术成果(如专利、技术诀窍、图纸和样机等)进行复制或直接应用而形成新产品的过程，不是研究与试验发展活动，而是研究与试验发展成果应用活动。

(2) 新工艺、新方法的研制

对新工艺、新方法的研制或对现有工艺、生产过程进行实质性的技术改进，是研究与试验发展。采用国内已有的生产工艺或生产过程，而在技术上没有实质性的改进，只是对采用的生产工艺或生产过程做适应性的试验，不属于研究与试验发展，而是研究与试验发展成果应用活动。

(3) 中间试验

新产品、新工艺、新生产过程直接用于生产前，往往要进行中间试验，以解决一系列的技术问题，情况比较复杂，对其是否属于研究与试验发展应视具体情况而定。

如果进行中间试验的直接目的是为了从技术上进一步改进产品、工艺或生产过程或为此目的进行试验以获得经验和收集数据，是研究与试验发展；如果为了进行产品的定型设计，获取生产所需的技术参数，那么就不是研究与试验发展，而是研究与试验发展成果应用活动。

(4) 试生产

试生产是在完成了生产前的各项技术准备后，在正式生产前的“试验性”生产。试生产的直接目的不是对产品或生产过程在技术方面做进一步的改进，而是为了使生产能顺利进行，因而既不属于研究与试验发展，也不属于研究与试验发展成果应用活动。

(5) 质量控制与检验测试

生产过程的质量控制及材料、设备、产品的常规检验、测试，不属于研究与试验发展，也不属于研究与试验发展成果应用活动，原型检验测试和非商业性的试验工厂(中试车间)中的检验测试，属于研究与试验发展。

(6) 市场研究

既不是研究与试验发展，也不是研究与发展成果应用活动。

科技服务 与科学研究与试验发展有关，并有助于科学技术知识的产生、传播和应用的活动。包括，为扩大科技成果的使用范围而进行的示范性推广工作；为用户提供科技情报和文献服务的系统性工作；为用户提供可行性报告、技术方案、建议及进行技术论证等技术咨询工作；自然、生物现象的日常观测、监测，资源的考察和勘探；有关社会、人文、经济现象的通用资料的收集，如统计、市场调查等，以及这些资料的常规分析与整理；为社会和公众提供的测试、标准化、计量、计算、质量控制和专利服务，不包括工商企业为进行正常生产而开展的上述活动。

生产性活动 由于具备特殊的工艺设备条件或掌握某种技术专长或诀窍所进行的小量非常规生产。

2. 课题经费支出

指当年为进行该课题研究而从课题经费中直接支出的全部经费(不包括与外单位合作进行该课题研究而拨给对方使用的经费)。

3. 课题参加人员折合全时工作量

指按工作量计算的当年实际参加课题活动的各类人员总数。统计时首先把课题人员分离为全时人员和非全时人员，然后折算为全时工作量。

全时人员 指在本年度工作中，从事该课题活动的工作量(累计工作时间与本人全年工作总时间之比)在 0.9 以上(含 0.9)的人员数。

非全时人员 指在本年度工作中，从事该课题活动的工作量在 0.1~0.9 的人员数。工作量不到 0.1 不计在内。

全时当量 指全时人员数加所有非全时人员的工作量总和，数值取小数点后一位。

国家重点实验室

1. 固定人员

指由实验室主任聘任并有一定任期的相对稳定的研究人员、技术人员和管理人员。国家重点实验室的固定人员可以由室主任连聘连任。

2. 客座人员

指通过课题申请并获准来开放实验室从事研究工作的所内外工作人员。开放实验室的客座人员没有固定任期，在课题获准进行期内属于开放实验室的人员，享受固定人员同等待遇，课题结束之后，必须离室，因此客座人员是流动的。

3. 学委会审批课题

经学术委员会审议批准，用开放经费支持的课题。固定客座合作课题指由开放实验室固定、客座人员合作共同承担的学委会审批课题。

Explanatory Notes on Key Indicators

Personnel

1. S&T activity personnel

S&T activity personnel comprise S&T management personnel, project activity personnel and S&T service personnel.

S&T management personnel refers to leaders at various levels in the academy and institutes and those who are engaged in S&T and personnel management, including those who participate directly in such activities as S&T planning, project management, research achievement management, patent management, S&T statistics, management of S&T archives, S&T international cooperation, personnel management, education and training, and finance.

Project activity personnel refers to staff whose payroll is in the laboratory or project research group.

S&T service personnel refers to those engaged in library, information, measurement, testing, consultation, material and equipment supply as well as those working in laboratories, pilot factories (workshops) and experimental farms. They should not include drivers, janitors, and persons working in mess halls, medical houses, kindergartens and nurseries.

2. Scientists and engineers

This heading can be defined as persons who are of higher educational level or have senior or middle level academic titles.

3. Other S&T personnel

This heading refers to persons who are of specialized higher school or specialized secondary school educational level or have junior or specialized secondary school educational level or have junior academic (or technical) titles.

4. Production and business activity personnel

This mainly refers to staffs who are engaged in the production, business activity and services such as batch process of finalized products, management and services in the guesthouses and shops, and publication and printing. Staff on the CAS and institute payroll who work in the economic entities attached to the institution shall also be included.

Funds

1. Funds

Funds include temporary collection and temporary payment. Items included in the current intramural income are all gross income.

2. Income of S&T activities

Income from government funds This heading refers to funds directly allocated by government departments at all levels or income obtained by a particular institution through conducting S&T activities entrusted by enterprises and institutions using government funds.

★*Income from government subsidy* This refers to budgetary funds allocated by the central or local financial departments, including normal funds and special funds. The operation funds for scientific research obtained from the financial departments via higher authorities and the operating funds for scientific research obtained from the financial departments via higher authorities designated for research projects are all in the category of financial budgetary allocation.

★*Income from undertaking government research projects* This refers to funds received by a particular institution from the government for the purpose of carrying out S&T activities through signing agreements, contracts or other forms of application, such as scientific research, new product development and experiment, pilot experiment, and demonstration and commercialization of S&T results. This includes special funds for research projects, equipment and other items.

Technical income This refers to the gross income obtained by a particular institution from non-governmental departments for undertaking S&T activities, such as self-raised funds from institutions, enterprises and social organizations for entrusting the particular institution to carry out S&T activities. It also includes income from technology development, technology transfer, technology consultation and service, academic activities and production, and science popularization activities.

★*From enterprises* This refers to the income obtained by a particular institution from the enterprises by undertaking entrusted S&T activities for the enterprises in the form of technology development, technology consultation and service.

★*Income from technology development* This refers to income received by a particular institution from commissioned R&D on new technologies, products, processes, materials and systems.

★*Income from technology transfer* This refers to income received by a particular institution from transfer of its patents, patent application rights, patent licenses and non-patented technologies.

★*Income from technological consultation, services, training and contracts* This heading excludes the income from exploitation of construction engineering, design, construction, installation and contracts for processing.

★*Overseas Funds* This heading refers to the funds provided by overseas enterprises, universities, international organizations, non-government organizations, financial agencies and foreign governments to the institutions and units registered in China for S&T activities. This excludes the funds provided by the foreign enterprises registered in China.

★*Loans for S&T activities* This heading refers to all kinds of loans obtained by a particular institution from various sources for S&T activities. No mater what kind of form, duration and volume of the repayment will be, the total monetary volume of loans obtained in the reference year should be recorded. But, any loans for capital construction is not included.

★*Other Income* This heading refers to the income, both from home and abroad, such as donations from the society and individuals as well as some investment income for S&T activities, etc., which does not fall into the above-mentioned categories.

3. Current Intramural Expenditure

This refers to actual expenditure for S&T activities by a particular institution within the reported period, including all the expenses for S&T activities funded by not only research and development (R&D) channels but also other sources. This also includes the expenditure for the products processing with outside cooperation.

★*Personnel cost* This refers to the expenditure paid by a particular institution to its staff, directly or indirectly, in cash or in kind, including basic salary, subsidiary salary, allowances, price subsidiary, bonus, welfare funds for staff, unemployment insurance, old-aged pension, medical care insurance, insurance against injury at work, people's fellowship, etc., including stipend and fellowship for graduate students. This excludes the remuneration for personal services.

★ *Equipment purchasing expenditure* This refers to the exact expenditure of non-capital construction investment spent by a particular institution on purchasing fixed assets for S&T activities. Fixed assets cover major equipment and installations with unit price above the set quota, which can be used over a long period of time without changing their original material forms (or appearances), such as scientific research equipment and installations, books, library materials, laboratory materials and specimens as well as other facilities for research activities.

★*Other daily expenditure* This refers to the expenditure spent by a particular institution for S&T activities, which is not included in the above-mentioned items, such as costs of raw materials for the performance of S&T activities, charges for water and electricity, travel, expenses directly associated with processing and experiments, costs of equipment utilization, computer times, printing of materials, etc., and consumptive expenditure for graduate student training is also included.

Capital Construction

1. Actual expenditure in capital investment

This refers to the amount of capital construction work completed by a particular institution in the reference year, which is expressed in monetary terms.

2. Self-raised funds

This refers to funds raised by a particular institution in the actual spending in capital investment. It includes loans, which should be paid back by the institution itself after the reform of the S&T appropriation system.

3. Scientific research instruments and equipment

This refers to the total expenditure on scientific research equipment in the actual capital expenditure. Expenditure on nonresearch equipment is not included in this category.

4. Civil engineering projects for scientific research

This refers to the actual amount of work completed by a particular institution on research facilities (such as research and experiment buildings) in the actual expenditure of capital investment. Construction project not for research purpose (such as living quarters) is not included.

S&T Activities

1. Classification by project activity

Basic research Basic research can be defined as any original research undertaken to acquire new knowledge. Its purpose is to explore the underlying principles and laws of observed phenomena and facts, without any particular practical application in view.

Applied research Applied research is defined as any original research undertaken in order to acquire new scientific and technological knowledge. It is, however, directed primarily towards a specific practical aim or objective. Applied research is usually undertaken to determine the possible application of the results or knowledge from basic research, or to determine new methods or ways of achieving some specific and predetermined practical aim.

★The main criterion for distinguishing basic research from applied research is that the latter has specific practical application in view.

Experimental development Experimental development can be defined as any systematic work, drawing on existing knowledge gained from research and/or practical experience, that is directed to producing new materials, products and devices, to installing new processes and systems, and to improving substantially those already produced or installed.

★The main criterion for distinguishing scientific research (basic or applied) from experimental development is that whereas the former is primarily directed towards the increase of S&T knowledge, the latter is directed towards the introduction of new application (e.g. new materials or technologies).

★The main criterion for distinguishing scientific research from experimental development is that the former involves creative activities.

Application of research and experimental development results Application of research and experimental development results can be defined as any systematic work that is directed to the technical issues in the production and practical use of new products, new devices, new processes, new techniques, new methods, new systems and services which are generated from research and development results. This kind of activity does not involve creation and innovation. It includes finalized design and pilot development for production purposes as well as adaptability testing directed to expanding the production scale of new products and the application of new methods, technologies and processes.

★The main criterion for distinguishing research and experimental development, application of research and experimental development results, and industrial activities is basically the following:

(1) Development of new products

Activities directed towards the development of new products, that is, completely new products, substantial improvement of the design, development and experiment on the properties of existing products, should be defined as research and experimental development, while the process of producing new products through copy or direct use of imported (or purchased) technical results (such as patents, technical know-how, blueprints and prototypes) should not be mentioned as research and experimental development. It falls into the category of application of research and experimental development results.

(2) Development of new processes and methods

The development of new processes or methods and the substantial technical improvement of existing technologies and production processes are research and experimental development. Activities involved in adopting existing domestic production techniques or processes without making substantial improvements (or when only adaptability testing is conducted) cannot be considered as research and experimental development. They are the application of research and experimental development results.

(3) Pilot experiment

Before new products, technologies and production processes can be used in production, pilot experiments are usually carried out in order to solve a series of technical issues. These experiments are complex in nature and whether they are considered as research and experimental development or not can only be judged according to concrete conditions.

If the immediate aim of the pilot experiment is to make further technical improvement of existing technologies and production processes are research acquisition of experience and data for that purpose, the activity should be regarded as research and experimental development. If, on the contrary, the immediate aim is to make finalized design for a product and to obtain technical data needed for the production, the activity should be regarded as research and experimental development. It is a part of the application of research and experimental development results.

(4) Trial production

Trial production can be defined as "experimental" production conducted after various technical preparations are completed but before full scale production is started. Since the immediate aim of trial production is not to make further technical improvement of the product or the production process concerned but to get the production process working smoothly, it is neither research and experimental development, nor application of research and experimental development results.

(5) Quality control, checking and testing

Quality control of production processes and routine checking and testing of materials, devices and products are neither research and experimental development nor application of research and experimental development results. However, the testing of prototypes and testing conducted in a non-commercial pilot plant (workshop) should be regarded as research and experimental development.

(6) Market study

This is neither research and experimental development, nor application of research and experimental development results.

Scientific and technical services Scientific and technical services can be defined as any activities concerned with scientific research and experimental development and contributing to the generation, dissemination and application of scientific and technological knowledge. They include the demonstration and popularization activities to introduce the application of scientific and technological results; systematic work on scientific and technological information and documentation services; technical consultation provided to users such as feasibility studies, technical schemes, proposals and technical investigations; routine observation and monitoring of natural and biological phenomena, surveying and exploration of resources; and the gathering of general information on social, human and economic phenomena (such as statistics and market studies); as well as the routine analysis and compilation of the above mentioned information; testing, standardization, metrology, computation, quality control and patent services (excluding the above mentioned activities carried out by industries for normal production).

Productive activities This heading refers to small-scale non-conventional production undertaken because of possessing special processing equipment and facilities or technical specialties and know-how.

2. Total direct expenditure by project group

This refers to the total funds actually spent directly by the project group for the research of the project. It does not include funds transferred to the cooperators if the project is conducted jointly.

3. Full-time equivalent of project activity personnel

This refers to the total number of various kinds of personnel who actually participate in the project activities in the reference year, calculated according to their work load. In making the statistics, the project activity personnel are first classified as full-time personnel and part-time personnel and their work load are then converted into full-time work load.

Full-time personnel This refers to the number of personnel whose work load for the project activity (the ratio between accumulated working hours spent on the project activity and the total hours worked in the reference year) is 0.9 or above.

Part-time personnel This refers to the number of personnel whose work load for the project activity is from 0.1 to 0.9. Those whose work load for the project activity is less than 0.1 are not included.

Full-time equivalent This refers to the total work load of full-time personnel and part-time personnel.

State Key Laboratories

1. Permanent researchers

This refers to research, technical and managerial personnel who are invited or engaged by the directors of the open laboratories to serve for certain terms.

2. Guest researchers

This refers to scientists both inside and outside the institutes who conduct research activities at the State Key laboratories after their research applications have been approved. Guest researchers do not serve for fixed terms. They are on the staff of the State Key laboratories within the allowed period for pursuing their research subjects and enjoy the same treatment as the permanent staff does, but must leave the laboratories upon completion of their research.

3. Projects approved by the academic committees

This refers to research projects, which are approved by the academic committees and funded by the open laboratory research funds. Jointly conducted projects refer to those research projects which are approved by the academic committees and are jointly conducted by the permanent staff and guest researchers of the State Key Laboratories.

七、人才培养与引进

TALENT TRAINING AND RECRUITMENT

7-1 中国科学技术大学录取和毕业大学生情况
Enrollment and Graduation of Undergraduate Students in the University of Science and Technology of China

单位：人 (person)

年 份 Year	录取大学生 Total enrollment			毕业大学生 Total graduation		
	合 计 Total	本 科 Regular college courses	专 科 Special college courses	合 计 Total	本 科 Regular college courses	专 科 Special college courses
1978	999	999				
1979	3009	3009		869	799	70
1980	557	557		1451	1334	117
1981	568	568		108		108
1982	639	588	51	690	690	
1983	721	662	59	668	668	
1984	758	714	44	529	476	53
1985	835	777	58	593	534	59
1986	752	752		574	574	
1987	985	810	175	572	572	
1988	1054	774	280	850	638	212
1989	748	632	116	892	687	205
1990	860	695	165	1003	734	269
1991	970	776	194	820	683	137
1992	1291	865	426	987	821	166
1993	1870	1032	838	899	684	215
1994	1721	1084	637	869	493	376
1995	1621	1123	498	1502	611	891
1996	1759	1148	611	1494	867	627
1997	1448	1248	200	1366	886	480
1998	1583	996	587	1590	1450	140
1999	1980	1840	140	1181	984	197
2000	2042	1902	140	1875	1540	335
2001	2005	1825	180	1986	1704	282
2002	1863	1863		2012	1871	141
2003	1862	1862		2321	2321	
2004	1848	1848		1754	1754	
2005	1842	1842		1763	1763	
2006	1941	1941		1797	1797	
2007	1963	1963		1753	1753	
2008	1690	1690		1866	1866	
2009	1806	1806		1845	1845	
2010	1787	1787		1884	1877	7

7-2 录取研究生和授予学位情况
Total Enrollment of Graduate Students and Degrees Granted

单位：人 (person)

年份 Year	录取研究生 Total enrollment			授予学位 Total degrees granted		
	合计 Total	博士 Ph.D	硕士 MS	合计 Total	博士 Doctor's degree	硕士 Master's degree
1955~1965	1287		1287			
1978	1400		1400			
1979	351		351			
1980	193		193			
1981	1123	107	1016	974		974
1982	1329	42	1287	178		178
1983	1334	59	1275	205		205
1984	1772	253	1519	469		469
1985	2349	372	1977	1181	72	1109
1986	2314	392	1922	998	78	920
1987	2361	561	1800	1187	82	1105
1988	2325	513	1812	2255	189	2066
1989	1966	416	1550	2370	313	2057
1990	1883	488	1395	1662	226	1436
1991	1862	562	1300	1940	326	1614
1992	2197	702	1495	1580	278	1302
1993	2383	724	1659	1019	244	775
1994	3024	1180	1844	1529	413	1116
1995	3372	1466	1906	1693	518	1175
1996	3631	1603	2028	2179	689	1490
1997	3605	1605	2000	2516	849	1667
1998	3769	1720	2049	2391	1111	1280
1999	4287	1926	2361	2769	1213	1556
2000	5807	2622	3185	2662	1247	1415
2001	7344	3171	4173	2953	1473	1480
2002	9346	3943	5403	3009	1451	1558
2003	11439	5004	6435	4019	1931	2088
2004	12981	5562	7419	5092	2428	2664
2005	13639	5691	7948	6851	3116	3735
2006	14007	5726	8281	8160	4036	4124
2007	14315	5749	8566	9353	4597	4756
2008	14731	5786	8945	10704	5053	5651
2009	15893	6111	9782	11003	5155	5848
2010	16882	6092	10790	10717	5347	5370

7-3 研究生招收培养及

Total Enrollment of Graduate

单位: 人

招生单位 Institution	录取研究生 Enrollment in 2007			在学研究生 Total enrollment		
	合计 Total	博士 Ph.D.	硕士 MS	合计 Total	博士 Ph.D.	硕士 MS
总计 Total	**16882**	**6092**	**10790**	**48061**	**20919**	**27142**
北京市 Beijing	6082	2470	3612	17456	8579	8877
数学与系统科学研究院 Academy of Mathematics and Systems Science	181	95	86	502	292	210
物理研究所 Inst. of Physics	250	128	122	675	430	245
声学研究所 Inst. of Acoustics	153	58	95	407	192	215
理论物理研究所 Inst. of Theoretical Physics	44	24	20	119	78	41
理化技术研究所 Technical Inst. of Physics and Chemistry	163	64	99	415	193	222
高能物理研究所 Inst. of High Energy Physics	181	75	106	439	233	206
国家天文台 National Astronomical Observatories of China	89	38	51	265	137	128
力学研究所 Inst. of Mechanics	108	36	72	330	123	207
化学研究所 Inst. of Chemistry	329	192	137	901	618	283
生态环境研究中心 Research Center for Eco-Environmental Sciences	202	105	97	600	367	233
过程工程研究所 Inst. of Process Engineering	147	56	91	445	218	227
地理科学与资源研究所 Inst. of Geographic Sciences and Natural Resources Research	203	119	84	634	398	236
地质与地球物理研究所 Inst. of Geology and Geophysics	179	98	81	535	345	190

授予学位情况(2010 年)
Students and Degrees Granted: 2010

(person)

授予博士学位 Doctor's degree				授予硕士学位 Master's degree			
合计 Total	理学 Natural sciences	工学 Engineering sciences	其他 Others	合计 Total	理学 Natural sciences	工学 Engineering sciences	其他 Others
5347	**3562**	**1607**	**178**	**5370**	**1792**	**1962**	**1616**
2235	1516	642	77	2158	601	757	800
83	73	3	7	26	22	1	3
121	121			9	9		
48	9	39		30	8	22	
22	22			1	1		
70	61	9		26	10	16	
66	48	18		14	7	7	
24	24			21	21		
42	26	16		39	10	29	
185	185			5	5		
105	77	28		43	31	12	
48		48		37		37	
120	106	10	4	68	65		3
100	85	15		34	28	6	

招 生 单 位 Institution	录取研究生 Enrollment in 2007			在学研究生 Total enrollment		
	合 计 Total	博 士 Ph.D.	硕 士 MS	合 计 Total	博 士 Ph.D.	硕 士 MS
古脊椎动物与古人类研究所 Inst. of Vertebrate Paleontology and Paleoanthropology	33	12	21	80	33	47
大气物理研究所 Inst. of Atmospheric Physics	127	70	57	435	266	169
遥感应用研究所 Inst. of Remote Sensing Application	114	54	60	324	168	156
植物研究所 Inst. of Botany	186	81	105	604	298	306
动物研究所 Inst. of Zoology	151	79	72	477	266	211
心理研究所 Inst. of Psychology	80	38	42	241	119	122
微生物研究所 Inst. of Microbiology	119	53	66	388	230	158
生物物理研究所 Inst. of Biophysics	173	85	88	500	245	255
遗传与发育生物学研究所 Inst. of Genetics and Developmental Biology	145	89	56	553	405	148
北京基因组研究所 Beijing Inst. of Genomics	67	25	42	190	72	118
计算技术研究所 Inst. of Computing Technology	326	102	224	1043	442	601
计算机网络信息中心 Computer Network Information Center	56	7	49	155	26	129
软件研究所 Inst. of Software	188	48	140	529	182	347
半导体研究所 Inst. of Semiconductors	197	87	110	550	282	268
微电子研究所 Inst. of Microelectronics	120	29	91	312	64	248
电子学研究所 Inst. of Electronics	165	62	103	500	231	269

续表 7-3

授予博士学位 Doctor's degree				授予硕士学位 Master's degree			
合计 Total	理学 Natural sciences	工学 Engineering sciences	其他 Others	合计 Total	理学 Natural sciences	工学 Engineering sciences	其他 Others
4	4			9	9		
73	73			15	15		
52	52			21	18	3	
114	114			69	69		
87	87			21	21		
36	36			49	48		1
50	50			26	26		
72	72			9	9		
83	83			19	19		
16	16			24	24		
91	1	90		165		156	9
9		9		35		35	
40		40		77		77	
77	11	66		33	2	31	
44		44		44		44	
61		61		55		55	

招生单位 Institution	录取研究生 Enrollment in 2007			在学研究生 Total enrollment		
	合计 Total	博士 Ph.D.	硕士 MS	合计 Total	博士 Ph.D.	硕士 MS
电工研究所 Inst. of Electric Engineering	99	34	65	268	125	143
工程热物理研究所 Inst. of Engineering Thermophysics	80	24	56	243	108	135
空间科学与应用研究中心 Center for Space Science and Applied Research	96	32	64	296	118	178
自动化研究所 Inst. of Automation	211	101	110	638	361	277
对地观测与数字地球科学中心 Center for Earth Observation and Digital Earth	72	13	59	175	36	139
自然科学史研究所 Inst. of History of Natural Sciences	21	11	10	68	38	30
科技政策与管理科学研究所 Inst. of Policy and Management	39	19	20	138	77	61
国家科学图书馆(筹) National Science Library	48	16	32	146	52	94
中国科学院研究生院 Graduate University of Chinese Academy of Sciences	768	157	611	1894	537	1357
青藏高原研究所 Inst. of Tibetan Plateau Research	44	17	27	128	60	68
国家纳米科学中心 National Center for Nanoscience and Technology	57	27	30	155	85	70
光电技术研究院 Academy of Opto-Electronics	71	10	61	159	29	130
天津市 Tianjin	17	5	12	17	5	12
天津工业生物技术研究所(筹) Tianjin Inst. of Industrial Biotechnology	17	5	12	17	5	12
河北省 Hebei Province	20	7	13	73	38	35
渗流流体力学研究所 Inst. of Osmotic Mechanics	20	7	13	73	38	35
山西省 Shanxi Province	95	44	51	292	158	134

续表 7-3

授予博士学位 Doctor's degree				授予硕士学位 Master's degree			
合计 Total	理学 Natural sciences	工学 Engineering sciences	其他 Others	合计 Total	理学 Natural sciences	工学 Engineering sciences	其他 Others
20		20		32		32	
8		8		19		19	
13	7	6		51	18	33	
86		86		54		50	4
5	5			29	11	18	
11	9		2	11	9		2
13			13	15			15
20			20	35			35
101	44	26	31	875	73	74	728
1	1						
14	14			13	13		
15		15		14	1	13	
15		15		14	1	13	
10		10		9		9	
10		10		9		9	
43	16	27		35	11	24	

招生单位 Institution	录取研究生 Enrollment in 2007			在学研究生 Total enrollment		
	合计 Total	博士 Ph.D.	硕士 MS	合计 Total	博士 Ph.D.	硕士 MS
山西煤炭化学研究所 Shanxi Inst. of Coal Chemistry	95	44	51	292	158	134
辽宁省、山东省 Liaoning and Shandong Provinces	1006	417	589	2938	1503	1435
大连化学物理研究所 Dalian Inst. of Chemical Physics	249	128	121	747	491	256
沈阳应用生态研究所 Shenyang Inst. of Applied Ecology	120	43	77	309	136	173
中国科学院沈阳计算技术研究所有限公司 CAS Shenyang Computing Technology Co., Ltd.	57		57	178	21	157
沈阳自动化研究所 Shenyang Inst. of Automation	98	37	61	326	168	158
金属研究所 Inst. of Metal Research	208	96	112	639	367	272
海洋研究所 Inst. of Oceanology	187	76	111	492	212	280
青岛生物能源与过程研究所 Qingdao Inst. of Bioenergy and Bioprocess Technology	38	19	19	110	54	56
烟台海岸带可持续发展研究所 Yantai Inst. of Coastal Zone Research for Sustainable Development	49	18	31	137	54	83
吉林省 Jilin Province	596	272	324	1738	938	800
长春光学精密机械与物理研究所 Changchun Inst. of Optics, Fine Mechanics and Physics	310	127	183	873	416	457
长春应用化学研究所 Changchun Inst. of Applied Chemistry	224	115	109	696	425	271
东北地理与农业生态研究所 Northeast Inst. of Geography and Agricultural Ecology	62	30	32	169	97	72
上海市、福建省、浙江省 Shanghai, Fujian Province and Zhejiang Province	1872	778	1094	5169	2584	2585
上海应用物理研究所 Shanghai Inst. of Applied Physics	115	48	67	350	157	193
上海天文台 Shanghai Observatory	40	17	23	133	59	74

续表 7-3

授予博士学位 Doctor's degree				授予硕士学位 Master's degree			
合计 Total	理学 Natural sciences	工学 Engineering sciences	其他 Others	合计 Total	理学 Natural sciences	工学 Engineering sciences	其他 Others
43	16	27		35	11	24	
366	197	161	8	266	84	145	37
127	87	40		25	11	14	
44	37		7	41	31	4	6
				64		50	14
33		33		38		38	
80		80		49		34	15
80	73	6	1	46	42	2	2
2		2		3		3	
266	187	79		133	48	85	
129	50	79		107	22	85	
110	110			16	16		
27	27			10	10		
670	454	216		289	114	174	1
46	23	23		37	6	31	
11	11			9	9		

招生单位 Institution	录取研究生 Enrollment in 2007			在学研究生 Total enrollment		
	合计 Total	博士 Ph.D.	硕士 MS	合计 Total	博士 Ph.D.	硕士 MS
上海硅酸盐研究所 Shanghai Inst. of Ceramics	153	57	96	382	176	206
上海有机化学研究所 Shanghai Inst. of Organic Chemistry	167	74	93	450	167	283
上海药物研究所 Shanghai Inst. of Materia Medica	155	69	86	417	214	203
上海生命科学研究院 Shanghai Institutes for Biological Sciences	510	237	273	1488	943	545
上海微系统与信息技术研究所 Shanghai Inst. of Microsystem and Information Technology	136	55	81	393	170	223
上海光学精密机械研究所 Shanghai Inst. of Optics and Fine Mechanics	166	64	102	457	207	250
上海技术物理研究所 Shanghai Inst. of Technical Physics	123	53	70	358	178	180
福建物质结构研究所 Fujian Inst. of Research on the Structure of Matter	129	44	85	319	137	182
宁波材料技术与工程研究所 Ningbo Inst. of Material Technology and Engineering	83	23	60	195	64	131
上海巴斯德研究所 Institut Pasteur of Shanghai	32	14	18	70	39	31
城市环境研究所 Institut of Urban Environment	52	21	31	150	71	79
上海高等研究院(筹) Shanghai Advanced Research Institute	11	2	9	7	2	5
江苏省 Jiangsu Province	259	106	153	746	341	405
紫金山天文台 Purple Mountain Observatory	30	11	19	100	46	54
南京地理与湖泊研究所 Nanjing Inst. of Geography and Limnology	51	26	25	161	86	75
南京地质古生物研究所 Nanjing Inst. of Geology and Palaeontology	20	8	12	61	24	37
南京土壤研究所 Nanjing Inst. of Soil Science	88	40	48	267	140	127

续表 7-3

授予博士学位 Doctor's degree				授予硕士学位 Master's degree			
合计 Total	理学 Natural sciences	工学 Engineering sciences	其他 Others	合计 Total	理学 Natural sciences	工学 Engineering sciences	其他 Others
54	1	53		12		12	
75	75			9	9		
64	64			24	24		
195	195			25	25		
45		45		29		28	1
71	23	48		36	2	34	
55	24	31		21	10	11	
41	35	6		29	21	8	
8		8		34		34	
5	3	2		24	8	16	
95	63	7	25	71	48	7	16
7	7			9	9		
42	38	4		18	12	6	
6	6			11	11		
40	12	3	25	31	14	1	16

招生单位 Institution	录取研究生 Enrollment in 2007			在学研究生 Total enrollment		
	合计 Total	博士 Ph.D.	硕士 MS	合计 Total	博士 Ph.D.	硕士 MS
南京中科天文仪器有限公司 CAS Nanjing Astronomic Instrument Co., Ltd.	2		2	6		6
苏州纳米技术与纳米仿生研究所 Suzhou Inst. of Nano-tech and Nano-bionics	61	19	42	144	43	101
苏州生物医学工程技术研究所(筹) Suzhou Inst.of Biomedical Engineering and Technology	7	2	5	7	2	5
安徽省 Anhui Province	4180	929	3251	11680	3157	8523
合肥物质科学研究院 Hefei Institutes of Physical Sciences	344	137	207	1012	459	553
中国科学技术大学 University of Science and Technology of China	3836	792	3044	10668	2698	7970
湖北省 Hubei Province	512	191	321	1443	678	765
武汉物理与数学研究所 Wuhan Inst. of Physics and Mathematics	88	36	52	268	142	126
武汉岩土力学研究所 Wuhan Inst. of Rock and Soil Mechanics	86	30	56	203	91	112
测量与地球物理研究所 Inst. of Geodesy and Geophysics	38	13	25	115	51	64
武汉植物园 Wuhan Botanical Garden	52	17	35	141	56	85
水生生物研究所 Inst. of Hydrobiology	167	64	103	481	231	250
武汉病毒研究所 Wuhan Inst. of Virology	81	31	50	235	107	128
广东省、湖南省 Guangdong and Hunan Provinces	645	241	404	1840	844	996
中科院广州化学有限公司 CAS Guangzhou Chemistry Co., Ltd.	30	10	20	84	29	55
广州地球化学研究所 Guangzhou Inst. of Geochemistry	170	86	84	523	336	187
南海海洋研究所 South China Sea Inst. of Oceanology	93	38	55	303	135	168
华南植物园 South China Botanical Garden	114	34	80	310	111	199

续表 7-3

授予博士学位 Doctor's degree				授予硕士学位 Master's degree			
合计 Total	理学 Natural sciences	工学 Engineering sciences	其他 Others	合计 Total	理学 Natural sciences	工学 Engineering sciences	其他 Others
				1	1		
				1	1		
677	323	296	58	1542	266	548	728
97	58	39		121	54	67	
580	265	257	58	1421	212	481	728
188	151	37		126	105	21	
29	29			15	15		
33		33		13		13	
8	4	4		13	6	7	
16	16			24	24		
70	70			33	32	1	
32	32			28	28		
223	203	20		174	131	30	13
5	5			12	11	1	
100	99	1		26	26		
34	34			39	37		2
25	25			39	34		5

招 生 单 位 Institution	录取研究生 Enrollment in 2007			在学研究生 Total enrollment		
	合 计 Total	博 士 Ph.D.	硕 士 MS	合 计 Total	博 士 Ph.D.	硕 士 MS
广州能源研究所 Guangzhou Inst. of Energy Conversion	53	16	37	148	49	99
亚热带农业生态研究所 Inst. of Subtropical Agriculture	42	15	27	123	53	70
广州生物医药与健康研究院 Guangzhou Institutes of Biomedicine and Health	54	22	32	150	76	74
深圳先进技术研究院 Shenzhen Institutes of Advanced Technology	89	20	69	199	55	144
四川省 Sichuan Province	354	143	211	998	464	534
中国科学院成都有机化学有限公司 CAS Chengdu Organic Chemistry Co., Ltd.	54	28	26	152	85	67
成都山地灾害与环境研究所 Chengdu Inst. of Mountain Hazards and Environment	62	27	35	166	82	84
成都生物研究所 Chengdu Inst. of Biology	88	37	51	267	113	154
中科院成都信息技术有限公司 CAS Chengdu Information Technology Co., Ltd.	33	11	22	109	46	63
光电技术研究所 Inst. of Optics and Electronics	117	40	77	304	138	166
云南省、贵州省 Yunnan and Guizhou Provinces	378	149	229	1083	476	607
云南天文台 Yunnan Astronomical Observatory	36	14	22	109	46	63
昆明植物研究所 Kunming Inst. of Botany	106	49	57	302	131	171
西双版纳热带植物园 Xishuangbanna Tropical Botanical Garden	56	16	40	175	56	119
昆明动物研究所 Kunming Inst. of Zoology	80	31	49	232	107	125
地球化学研究所 Inst. of Geochemistry	100	39	61	265	136	129

续表 7-3

授予博士学位 Doctor's degree				授予硕士学位 Master's degree			
合计 Total	理学 Natural sciences	工学 Engineering sciences	其他 Others	合计 Total	理学 Natural sciences	工学 Engineering sciences	其他 Others
19		19		29		29	
12	12			20	14		6
21	21			4	4		
7	7			5	5		
121	66	55		116	70	43	3
26	17	9		11	11		
17	16	1		24	16	5	3
33	33			40	39	1	
13		13		14		14	
32		32		27	4	23	
157	157			122	120	1	1
13	13			21	21		
52	52			25	25		
19	19			27	26		1
33	33			27	27		
40	40			22	21	1	

招生单位 Institution	录取研究生 Enrollment in 2007			在学研究生 Total enrollment		
	合计 Total	博士 Ph.D.	硕士 MS	合计 Total	博士 Ph.D.	硕士 MS
陕西省 Shaanxi Province	259	89	170	729	299	430
国家授时中心 National Time Service Center	50	13	37	127	37	90
水利部水土保持研究所 Inst. of Soil and Water Conservation	49	21	28	142	71	71
西安光学精密机械研究所 Xi'an Inst. of Optics and Precision Mechanics	129	42	87	373	153	220
地球环境研究所 Inst. of Earth Environment	31	13	18	87	38	49
甘肃省、青海省 Gansu and Qinghai Provinces	414	189	225	1297	651	646
近代物理研究所 Inst. of Modern Physics	87	37	50	244	121	123
兰州化学物理研究所 Lanzhou Inst. of Chemical Physics	99	53	46	319	172	147
兰州地质研究所 Lanzhou Inst. of Geology	21	8	13	60	25	35
青海盐湖研究所 Qinghai Inst. of Saline Lakes	33	10	23	123	34	89
西北高原生物研究所 Northwest Inst. of Plateau Biology	44	15	29	126	43	83
寒区旱区环境与工程研究所 Cold and Arid Regions Environmental and Engineering Research Inst.	130	66	64	425	256	169
新疆维吾尔自治区 Xinjiang Uygur Autonomous Region	193	62	131	562	204	358
乌鲁木齐天文站 Urumqi Astromomical Observatorial Station	13	3	10	43	8	35
新疆理化技术研究所 Xinjiang Technical Inst. of Physics and Chemistry	64	20	44	184	61	123
新疆生态与地理研究所 Xinjiang Inst. of Ecology and Geography	116	39	77	335	135	200

续表 7-3

授予博士学位 Doctor's degree				授予硕士学位 Master's degree			
合计 Total	理学 Natural sciences	工学 Engineering sciences	其他 Others	合计 Total	理学 Natural sciences	工学 Engineering sciences	其他 Others
51	24	17	10	111	25	74	12
6	6			19	3	16	
13	3		10	16	4		12
22	5	17		64	6	58	
10	10			12	12		
191	172	19		122	108	14	
28	21	7		14	11	3	
64	57	7		18	16	2	
3	3			4	4		
4	4			17	13	4	
27	27			24	24		
65	60	5		45	40	5	
39	33	6		82	60	17	5
1	1			7	7		
9	3	6		27	10	17	
29	29			48	43		5

7-4 中国科学院院长奖学金获奖情况

Statistics of CAS President's Scholarship

单位：人 (person)

年 份 Year	获特别奖人数 Number of special awards	获优秀奖人数 Number of excellence awards
1989	8	136
1990	10	145
1991	10	142
1992	9	154
1993	10	154
1994	15	151
1995	16	152
1996	20	150
1997	20	149
1998	20	150
1999	20	150
2000	20	149
2001	19	151
2002	20	150
2003	20	200
2004	20	199
2005	20	196
2006	20	199
2007	20	200
2008	20	200
2009	20	200
2010	20	200

7-5 博士后情况(2010 年)
Post-doctoral: 2010

单位：人 (person)

单位 Institutions	在站博士后人数 Number of persons at post-doctoral researcher centers	其中:外籍博士后在站人数 Of which: Number of post-doctors with foreign citizenship	当年进站博士后人数 Number of post-doctors enrolled in 2010	其中:外籍博士后在站人数 Of which: Number of post-doctors with foreign citizenship	当年出站博士后人数 Number of post-doctors graduated from centers in 2010
总 计 Total	**2936**	**59**	**1253**	**39**	**695**
北京市 Beijing	1354	26	591	14	316
数学与系统科学研究院 Academy of Mathematics and Systems Science	70	2	30	1	16
物理研究所 Inst. of Physics	25		12		3
声学研究所 Inst. of Acoustics	21	1	3		5
理论物理研究所 Inst. of Theoretical Physics	15	2	6	1	7
高能物理研究所 Inst. of High Energy Physics	64	4	31	2	22
国家天文台 National Astronomical Observatories of China	30		17		4
力学研究所 Inst. of Mechanics	28		12		3
化学研究所 Inst. of Chemistry	70	2	35	2	18
理化技术研究所 Technical Inst. of Physics and Chemistry	22		10		5
生态环境研究中心 Research Center for Eco-Environmental Sciences	90	2	29		14
过程工程研究所 Inst. of Process Engineering	28		19		5
地理科学与资源研究所 Inst. of Geographic Sciences and Natural Resources Research	134	1	45	1	39

续表 7-5

单位 Institutions	在站博士后人数 Number of persons at post-doctoral researcher centers	其中:外籍博士后在站人数 Of which: Number of post-doctors with foreign citizenship	当年进站博士后人数 Number of post-doctors enrolled in 2010	其中:外籍博士后在站人数 Of which: Number of post-doctors with foreign citizenship	当年出站博士后人数 Number of post-doctors graduated from centers in 2010
遥感应用研究所 Inst. of Remote Sensing Application	30		8		9
地质与地球物理研究所 Inst. of Geology and Geophysics	83	1	70	1	33
古脊椎动物与古人类研究所 Inst. of Vertebrate Paleontology and Paleoanthropology	15	5	2	1	7
大气物理研究所 Inst. of Atmospheric Physics	23	1	10	1	4
植物研究所 Inst. of Botany	52		18		8
动物研究所 Inst. of Zoology	65		33		17
心理研究所 Inst. of Psychology	22		4		2
微生物研究所 Inst. of Microbiology	46		20		3
生物物理研究所 Inst. of Biophysics	51	1	25	1	13
遗传与发育生物学研究所 Inst. of Genetics and Developmental Biology	58	1	27	1	10
北京基因组研究所 Beijing Inst. of Genomics	3		3		
计算技术研究所 Inst. of Computing Technology	23		7		
软件研究所 Inst. of Software	20		12		2
半导体研究所 Inst. of Semiconductors	25	1	8		10
电工研究所 Inst. of Electrical Engineering	15		6		4
自动化研究所 Inst. of Automation	40		9		6
对地观测与数字地球科学中心 Center for Earth Observation and Digital Earth					
电子学研究所 Inst. of Electronics	3				

续表 7-5

单位 Institutions	在站博士后人数 Number of persons at post-doctoral researcher centers	其中:外籍博士后在站人数 Of which: Number of post-doctors with foreign citizenship	当年进站博士后人数 Number of post-doctors enrolled in 2010	其中:外籍博士后在站人数 Of which: Number of post-doctors with foreign citizenship	当年出站博士后人数 Number of post-doctors graduated from centers in 2010
工程热物理研究所 Inst. of Engineering Thermophysics	11		6		5
空间科学与应用研究中心 Center for Space Science and Applied Research	9		5		2
自然科学史研究所 Inst. of History of Natural Sciences	2				2
微电子研究所 Inst. of Microelectronics	17		7		3
科技政策与管理科学研究所 Inst. of Policy and Management	20		7		
青藏高原研究所 Inst.of Tibetan Plateau Research	19		6		4
国家纳米科学中心 National Center for Nanoscience and Technology	20	1	15	1	6
光电研究院 Academy of Opto-Electronics	1		1		
中国科学院研究生院 Graduate University of Chinese Academy of Sciences	84	1	33	1	25
计算机网络信息中心 Computer Network Information Center					
山西省 Shanxi Province	3		2		2
山西煤炭化学研究所 Shanxi Inst. of Coal Chemistry	3		2		2
辽宁省、山东省 Liaoning and Shandong Provinces	202	1	66		43
大连化学物理研究所 Dalian Inst. of Chemical Physics	67	1	28		27
沈阳应用生态研究所 Shenyang Inst. of Applied Ecology	27		2		2
金属研究所 Inst. of Metal Research	31		14		3
沈阳自动化研究所 Shenyang Inst. of Automation	23		3		3
海洋研究所 Inst. of Oceanology	54		19		8

续表 7-5

单位 Institutions	在站博士后人数 Number of persons at post-doctoral researcher centers	其中:外籍博士后在站人数 Of which: Number of post-doctors with foreign citizenship	当年进站博士后人数 Number of post-doctors enrolled in 2010	其中:外籍博士后在站人数 Of which: Number of post-doctors with foreign citizenship	当年出站博士后人数 Number of post-doctors graduated from centers in 2010
烟台海岸带研究所 Yantai Inst. of Coastal Zone Research					
青岛生物能源与过程研究所 Qingdao Inst. of Bioenergy and Bioprocess Technology					
吉林省 Jilin Province	128	2	58	1	32
长春应用化学研究所 Changchun Inst. of Applied Chemistry	83	2	46	1	24
长春光学精密机械与物理研究所 Changchun Inst. of Optics, Fine Mechanics and Physics	34		8		5
东北地理与农业生态研究所 Northeast Inst. of Geography and Agricultural Ecology	11		4		3
上海市、福建省、浙江省 Shanghai, Fujian Province and Zhejiang Province	361	9	175	6	100
上海应用物理研究所 Shanghai Inst. of Applied Physics	24		10		4
上海天文台 Shanghai Observatory	19	9	9	4	5
上海硅酸盐研究所 Shanghai Inst. of Ceramics	20		9		3
上海有机化学研究所 Shanghai Inst. of Organic Chemistry	19		9		7
上海药物研究所 Shanghai Inst. of Materia Medica	32		19		11
上海生命科学研究院 Shanghai Institutes for Biological Sciences	142		75	2	59
上海微系统与信息技术研究所 Shanghai Inst. of Microsystem and Information Technology	29		7		
上海光学精密机械研究所 Shanghai Inst. of Optics and Fine Mechanics	7		4		4

续表 7-5

单位 Institutions	在站博士后人数 Number of persons at post-doctoral researcher centers	其中:外籍博士后在站人数 Of which: Number of post-doctors with foreign citizenship	当年进站博士后人数 Number of post-doctors enrolled in 2010	其中:外籍博士后在站人数 Of which: Number of post-doctors with foreign citizenship	当年出站博士后人数 Number of post-doctors graduated from centers in 2010
上海技术物理研究所 Shanghai Inst. of Technical Physics	11		2		6
福建物质结构研究所 Fujian Inst. of Research on the Structure of Matter	9		2		1
宁波材料技术与工程研究所 Ningbo Inst. of Material Technology and Engineering	40		26		
城市环境研究所 Inst. of Urban Environment	9		3		
江苏省 Jiangsu Province	104		44	3	20
紫金山天文台 Purple Mountain Observatory	7		3		3
南京地理与湖泊研究所 Nanjing Inst. of Geography and Limnology	25		3		3
南京地质古生物研究所 Nanjing Inst. of Geology and Palaeontology	8		4	3	2
南京土壤研究所 Nanjing Inst. of Soil Science	19		2		4
苏州纳米技术与纳米仿生研究所 Suzhou Inst. of Nano-tech and Nano-bionics	45		32		8
安徽省 Anhui Province	395	7	171	5	111
合肥物质科学研究院 Hefei Institutes of Physical Sciences	58	2	19		7
中国科学技术大学 University of Science and Technology of China	337	5	152	5	104
湖北省 Hubei Province	62		25		14
武汉物理与数学研究所 Wuhan Inst. of Physics and Mathematics	18		9		2

续表 7-5

单位 Institutions	在站博士后人数 Number of persons at post-doctoral researcher centers	其中:外籍博士后在站人数 Of which: Number of post-doctors with foreign citizenship	当年进站博士后人数 Number of post-doctors enrolled in 2010	其中:外籍博士后在站人数 Of which: Number of post-doctors with foreign citizenship	当年出站博士后人数 Number of post-doctors graduated from centers in 2010
水生生物研究所 Inst. of Hydrobiology	22		7		6
武汉病毒研究所 Wuhan Inst.of Virology	5		3		
测量与地球物理研究所 Inst. of Geodesy and Geophysics	2				1
武汉岩土力学研究所 Wuhan Inst. of Rock and Soil Mechanics	12		4		5
武汉植物园 Wuhan Botanical Garden	3		2		
广东省、湖南省 Guangdong and Hunan Provinces	98	5	43	2	30
广州地球化学研究所 Guangzhou Inst. of Geochemistry	27	2	14	1	25
南海海洋研究所 South China Sea Inst. of Oceanology	19		11		
华南植物园 South China Botanical Garden	20	1	9		2
亚热带农业生态研究所 Inst. of Subtropical Agriculture	2	2	1	1	
广州生物医药与健康研究院 Guangzhou Institutes of Biomedicine and Health					
广州能源研究所 Guangzhou Inst. of Energy Conversion	4		4		
深圳先进技术研究院 Shenzhen Institutes of Advanced Technology	26		4		3
云南省、贵州省 Yunnan and Guizhou Provinces	70	3	19	2	13
地球化学研究所 Inst. of Geochemistry	29		5	1	7
昆明植物研究所 Kunming Inst. of Botany	14		4		
昆明动物研究所 Kunming Inst. of Zoology	21		7		5
西双版纳热带植物园 Xishuangbanna Tropical Botanical Garden	6	3	3	1	1

单位 Institutions	在站博士后人数 Number of persons at post-doctoral researcher centers	其中:外籍博士后在站人数 Of which: Number of post-doctors with foreign citizenship	当年进站博士后人数 Number of post-doctors enrolled in 2010	其中:外籍博士后在站人数 Of which: Number of post-doctors with foreign citizenship	当年出站博士后人数 Number of post-doctors graduated from centers in 2010
四川省 Sichuan Province	25	1	12	1	3
成都山地灾害与环境研究所 Chengdu Inst. of Mountain Hazards and Environment	9		2		1
成都生物研究所 Chengdu Inst. of Biology	12	1	10	1	
光电技术研究所 Inst. of Optics and Electronics	4				2
陕西省 Shaanxi Province	17	2	6	2	7
西安光学精密机械研究所 Xi'an Inst. of Optics and Precision Mechanics	12		3		6
地球环境研究所 Inst. of Earth Environment	5	2	3	2	1
国家授时中心 National Time Service Center					
甘肃省、青海省 Gansu and Qinghai Provinces	97		29		4
近代物理研究所 Inst. of Modern Physics	9		3		
兰州化学物理研究所 Lanzhou Inst. of Chemical Physics	14		5		1
寒区旱区环境与工程研究所 Cold and Arid Regions Environmental and Engineering Research Inst.	65		17		
青海盐湖研究所 Qinghai Inst. of Saline Lakes	4		2		
西北高原生物研究所 Northwest Inst. of Plateau Biology	5		2		3
新疆维吾尔自治区 Xinjiang Uygur Autonomous Region	20	3	12	3	
新疆理化技术研究所 Xinjiang Technical Inst. of Physics and Chemistry	2		2		
新疆生态与地理研究所 Xinjiang Inst. of Ecology and Geography	18	3	10	3	

7-6 派往国外及香港地区留学人员情况

Statistics of Students and Visiting Scholars Sent Abroad and to Hong Kong Special Administrative Region

单位：人 (person)

年 份 Year	派出总人数 Total number of persons sent abroad	访问学者 Visiting scholars	研究生 Graduate students	回国人数 Number of people returned
1979	588	489	99	408
1980	651	520	131	517
1981	725	566	159	536
1982	520	395	125	186
1983	559	389	170	36
1984	435	325	110	549
1985	779	555	224	302
1986	919	504	415	317
1987	710	420	290	295
1988	591	373	218	214
1989	410	355	55	199
1990	360	325	35	70
1991	326	313	13	113
1992	389	366	23	226
1993	373	346	27	230
1994	409	378	31	347
1995	415	369	46	322
1996	357	308	49	293
1997	361	331	30	308
1998	432	383	49	543
1999	378	340	38	464
2000	528	447	81	492
2001	401	307	94	360
2002	412	315	97	330
2003	427	351	76	329
2004	313	252	61	298
2005	314	275	39	251
2006	276	272	4	227
2007	311	263	48	242
2008	571	518	53	526
2009	564	517	47	190
2010	516	311	205	178

7-7　派往国外及香港地区留学人员情况(2010 年)
Statistics of Students and Visiting Scholars Sent Abroad and to Hong Kong Special Administrative Region: 2010

单位: 人　　(person)

派往国家和地区 Country and region	当年派出人数 Number of people sent abroad in current year			年 龄 组 Age group			研究课题性质 Field of study		
	总 计 Total	访问学者 Visiting scholars	研究生 Graduate students	30 岁以下 Under 30	30~40 岁 30~40	40 岁以上 Over 40	基 础 Basic	应 用 Applied	其 他 Others
合 计 Total	**516**	**311**	**205**	**238**	**197**	**81**	**190**	**52**	**274**
美国 USA	199	161	38	48	113	38	99	27	73
加拿大 Canada	36	21	15	15	14	7	10	6	20
英国 England	31	28	3	6	15	10	20	4	7
法国 France	47	14	33	37	5	5	13		34
德国 Germany	105	27	78	85	15	5	18	4	83
日本 Japan	9	3	6	6	2	1	2		7
澳大利亚 Australia	46	28	18	21	16	9	14	2	30
荷兰 Netherlands	2		2	2					2
瑞典 Sweden	4	2	2	2	2		1	1	2
新加坡 Singapore	5	5			5		1	3	1
其他 Others	32	22	10	16	10	6	12	5	15

7-8 职工继续教育

Statistics of Staff Continued Education and

单位：人次

单位 Unit	总计 Total	技能培训 Skill training		科技知识 S&T knowledge			
		外语培训 Foreign languages	计算机培训 Computer	专业高级研讨班 S&T seminar	学术会议 Academic meeting	科技讲座 S&T lecture	国内地区进修 Inland advanced study
合计 Total	**296356**	**1972**	**5269**	**19111**	**56713**	**84883**	**2592**
一、地区培训 By region							
北京地区 Beijing region	110862	710	2212	8738	22556	33081	894
沈阳地区 Shenyang region	29490	347	1390	1805	5033	12173	136
长春地区 Changchun region	11812	407	417	818	1049	2943	75
上海地区 Shanghai region	34343	38	348	3619	8855	9259	822
南京地区 Nanjing region	21208	26	123	444	2870	3504	73
合肥地区 Hefei region	8848	3	15	334	3628	2189	1
武汉地区 Wuhan region	14623	55	92	1006	2664	6350	66
广州地区 Guangzhou region	5653	38	48	230	876	2358	269

和社会培训情况(2010 年)

Personnel Trained for the Society: 2010

(person · time)

技术岗位培训 Technical training	管理干部培训 Training for administrator	在职攻读学位 Study for degrees at job	为社会培训 Trained for the society	其他培训 Other training
39767	**26351**	**1143**	**39179**	**19376**
17347	7606	368	10546	6804
2561	1364	60	2138	2483
4731	728	41	282	321
4120	3611	174	330	3167
4349	997	23	8092	707
1836	818	24		
622	1981	20	1160	607
235	436	38	952	173

单 位 Unit	总 计 Total	技能培训 Skill training		科技知识 S&T knowledge			
		外语培训 Foreign languages	计算机培训 Computer	专业高级研讨班 S&T seminar	学术会议 Academic meeting	科技讲座 S&T lecture	国内地区进修 Inland advanced study
成都地区 Chengdu region	9390	5	30	694	1632	1031	6
昆明地区 Kunming region	16156	11	153	213	3710	7733	55
西安地区 Xi'an region	8076	4	2	318	331	1666	7
兰州地区 Lanzhou region	10488	135	263	690	1979	1382	129
新疆地区 Xinjiang region	5326	5	42	98	460	340	17
二、院校培训 By College							
中国科学院研究生院 Graduate University of Chinese Academy of Sciences	5331	110	50	60	200	60	12
中国科学技术大学 University of Science and Technology of China	4750	78	84	44	870	814	30

续表 7-8

技术岗位培训 Technical training	管理干部培训 Training for administrator	在职攻读学位 Study for degrees at job	为社会培训 Trained for the society	其他培训 Other training
752	1682	37	1380	2141
837	1742	46	986	670
1475	1647	109	1549	968
691	2313	161	2266	479
70	726	14	3098	456
13	120	6	4300	400
128	580	22	2100	0

7-9 中国科学院“百人计划”招聘情况

Young Scholars Selected into CAS Hundred Talents Program

年 份 Year	招聘人数 Number of scholars selected	招聘类别 Types of recuitment			
		国内“百人计划” Domestic “Hundred Talents Program”	引进国外杰出人才 Bring in outstanding talents from abroad	项目“百人计划” “Hundred Talents Program”	海外知名学者 Introduce overseas celebrated scholars
合 计 Total	**2450**	**310**	**1587**	**129**	**424**
1994	14	14			
1995	20	20			
1996	28	28			
1997	88	69	19		
1998	104	32	72		
1999	115	13	102		
2000	203	13	190		
2001	133	11	105		17
2002	134	23	86		25
2003	92	9	75		8
2004	236	19	156		61
2005	292	17	162		113
2006	90	10	80		
2007	59	2	57		
2008	254	15	147	33	59
2009	299	10	176	45	68
2010	289	5	160	51	73

注：“百人计划”是我院引进优秀人才计划的总称，从 1997 年起，它分为“引进国外杰出人才”计划和国内“百人计划”两部分；从 2001 年起，增设“海外知名学者”计划；从 2007 年起增设项目“百人计划”。

Note: “Hundred Talents Program” is a general term for the recuitment of excellent talents to CAS. Since 1997, it has been expanded into two forms of the programs: “Outstanding Talents from aboard” and “Domestic Hundred Talents Program”.Two another programs were added into it. One is called “Established Overseas Sholars” created in 2001, and the other is called “Project-Based Hundred Talents Program” established in 2007.

7-10 中国科学院“百人计划”各单位招聘情况
Young Scholars Selected into CAS Hundred Talents Program, by Institution

单 位 Unit	招聘人数 Introduced talents
总 计 Total	**2450**
北京市 Beijing	971
数学与系统科学研究院 Academy of Mathematics and Systems Science	41
物理研究所 Inst. of Physics	88
声学研究所 Inst. of Acoustics	16
理论物理研究所 Inst. of Theoretical Physics	21
理化技术研究所 Technical Inst. of Physics and Chemistry	25
高能物理研究所 Inst. of High Energy Physics	38
国家天文台 National Astronomical Observatories of China	32
力学研究所 Inst. of Mechanics	20
化学研究所 Inst. of Chemistry	78
生态环境研究中心 Research Center for Eco-Environmental Sciences	27
国家纳米科学中心 National Center for Nanoscience and Technology	14
过程工程研究所 Inst. of Process Engineering	28
地理科学与资源研究所 Inst. of Geographic Sciences and Natural Resources Research	31
青藏高原研究所 Inst.of Tibetan Plateau Research	15
地质与地球物理研究所 Inst. of Geology and Geophysics	27
古脊椎动物与古人类研究所 Inst. of Vertebrate Paleontology and Paleoanthropology	9
大气物理研究所 Inst. of Atmospheric Physics	28

续表 7-10

单 位 Unit	招聘人数 Introduced talents
遥感应用研究所 Inst. of Remote Sensing Application	8
植物研究所 Inst. of Botany	38
动物研究所 Inst. of Zoology	34
心理研究所 Inst. of Psychology	11
微生物研究所 Inst. of Microbiology	32
生物物理研究所 Inst. of Biophysics	36
遗传与发育生物学研究所 Inst. of Genetics and Developmental Biology	52
北京基因组研究所 Beijing Inst. of Genomics	14
计算技术研究所 Inst. of Computing Technology	18
软件研究所 Inst. of Software	9
半导体研究所 Inst. of Semiconductors	22
微电子研究所 Inst. of Microelectronics	21
电子学研究所 Inst. of Electronics	14
光电研究院 Academy of Opto-Electronics	2
电工研究所 Inst. of Electrical Engineering	13
工程热物理研究所 Inst. of Engineering Thermophysics	14
空间科学与应用研究中心 Center for Space Science and Applied Research	14
自动化研究所 Inst. of Automation	24
对地观测与数字地球科学中心 Center for Earth Observation and Digital Earth	1
自然科学史研究所 Inst. of History of Natural Sciences	2
中国科学院研究生院 Graduate University of Chinese Academy of Sciences	40

续表 7-10

单　位 Unit	招聘人数 Introduced talents
天津工业生物技术研究所(筹) Tianjin Inst. of Industrial Biotechnology	14
山西省 　　Shanxi Province	9
山西煤炭化学研究所 Shanxi Inst. of Coal Chemistry	9
辽宁省、山东省 　　Liaoning and Shandong Provinces	196
大连化学物理研究所 Dalian Inst. of Chemical Physics	65
沈阳应用生态研究所 Shenyang Inst. of Applied Ecology	19
沈阳自动化研究所 Shenyang Inst. of Automation	9
金属研究所 Inst. of Metal Research	48
海洋研究所 Inst. of Oceanology	29
青岛生物能源与过程研究所 QingDao Inst. of Bioenergy and Bioprocess Technology	16
烟台海岸带研究所 Yantai Inst. of Coastal Zone Research	10
吉林省 　　Jilin Province	70
长春应用化学研究所 Changchun Inst. of Applied Chemistry	39
东北地理与农业生态研究所 Northeast Inst. of Geography and Agricultural Ecology	13
长春光学精密机械与物理研究所 Changchun Inst. of Optics，Fine Mechanics and Physics	18
上海市、福建省 　　Shanghai, Fujian Province	433
上海应用物理研究所 Shanghai Inst. of Applied Physics	17
上海天文台 Shanghai Observatory	17
上海硅酸盐研究所 Shanghai Inst. of Ceramics	35
上海有机化学研究所 Shanghai Inst. of Organic Chemistry	41
上海生命科学研究院 Shanghai Institutes for Biological Sciences	172

续表 7-10

单 位 Unit	招聘人数 Introduced talents
上海药物研究所 Shanghai Inst. of Materia Medica	14
上海巴斯德研究所 Institut Pasteur of Shanghai	8
上海微系统与信息技术研究所 Shanghai Inst. of Microsystem and Information Technology	20
上海光学精密机械研究所 Shanghai Inst. of Optics and Fine Mechanics	34
上海技术物理研究所 Shanghai Inst. of Technical Physics	14
福建物质结构研究所 Fujian Inst. of Research on the Structure of Matter	27
城市环境研究所 Inst. of Urban Invironment	12
上海高等研究院(筹) Shanghai Advanced Research Institute	2
宁波材料技术与工程研究所 Ningbo Inst. of Materials Technology and Engineering	20
江苏省 Jiangsu Province	73
紫金山天文台 Purple Mountain Observatory	14
南京地理与湖泊研究所 Nanjing Inst. of Geography and Limnology	9
南京地质古生物研究所 Nanjing Inst. of Geology and Palaeontology	12
南京土壤研究所 Nanjing Inst. of Soil Science	16
苏州生物医学工程研究所(筹) Suzhou Inst. of Biomedical Engineering and Technology	3
苏州纳米技术与纳米仿生研究所 Suzhou Inst. of Nano-Tech and Nano-bionics	19
安徽省 Anhui Province	194
合肥物质科学研究院 Hefei Institutes of Physical Sciences	52
中国科学技术大学 University of Science and Technology of China	142
湖北省、湖南省 Hubei and Hunan Provinces	91
武汉物理与数学研究所 Wuhan Inst. of Physics and Mathematics	34

续表 7-10

单　位 Unit	招聘人数 Introduced talents
武汉岩土力学研究所 Wuhan Inst. of Rock and Soil Mechanics	12
武汉植物园 Wuhan Botanical Garden	13
水生生物研究所 Inst. of Hydrobiology	20
武汉病毒研究所 Wuhan Inst. of Virology	9
测量与地球物理研究所 Inst. of Geodesy and Geophysics	3
广东省 Guangdong Province	117
广州地球化学研究所 Guangzhou Inst. of Geochemistry	24
南海海洋研究所 South China Sea Inst. of Oceanology	27
华南植物园 South China Botanical Garden	11
广州能源研究所 Guangzhou Inst. of Energy Conversion	17
亚热带农业生态研究所 Inst. of Subtropical Agriculture	9
中科院广州化学有限公司 CAS Guangzhou Chemistry Co., Ltd.	2
深圳先进技术研究院 Shenzhen Institutes of Advanced Technology	13
广州生物医药与健康研究院 Guangzhou Institutes of Biomedicine and Health	14
四川省 Sichuan Province	38
成都山地灾害与环境研究所 Chengdu Inst. of Mountain Hazards and Environment	8
成都生物研究所 Chengdu Inst. of Biology	12
光电技术研究所 Inst. of Optics and Electronics	11
国家科学图书馆成都分馆(筹) The Chengdu Branch of the National Science Library	1
中科院成都信息技术有限公司 CAS Chengdu Information Technology Co., Ltd.	1
中国科学院成都有机化学有限公司 CAS Chengdu Organic Chemistry Co., Ltd.	5

续表 7-10

单　位 Unit	招聘人数 Introduced talents
云南省、贵州省 　　Yunnan and Guizhou Provinces	72
昆明植物研究所 Kunming Inst. of Botany	18
西双版纳热带植物园 Xishuangbanna Tropical Botanical Garden	9
昆明动物研究所 Kunming Inst. of Zoology	18
地球化学研究所 Inst. of Geochemistry	27
陕西省 　　Shaanxi Province	50
西安光学精密机械研究所 Xi'an Inst. of Optics and Precision Mechanics	24
地球环境研究所 Inst. of Earth Environment	9
水土保持与生态环境研究中心 Inst. of Soil and Water Conservation	15
国家授时中心 National Time Service Center	2
甘肃省、青海省 　　Gansu and Qinghai Provinces	108
近代物理研究所 Inst. of Modern Physics	28
兰州化学物理研究所 Lanzhou Inst. of Chemical Physics	27
寒区旱区环境与工程研究所 Cold and Arid Regions Environmental and Engineering Research Inst.	33
兰州地质研究所 Lanzhou Inst. of Geology	3
青海盐湖研究所 Qinghai Inst. of Saline Lakes	9
西北高原生物研究所 Northwest Inst. of Plateau Biology	8
新疆维吾尔自治区 　　Xinjiang Uygur Autonomous Region	28
新疆理化技术研究所 Xinjiang Technical Inst. of Physics and Chemistry	14
新疆生态与地理研究所 Xinjiang Inst. of Ecology and Geography	14

八、专利、科技论文、获奖成果

PATENTS, S&T PAPERS AND AWARD-WINNING ACHIEVEMENTS

8-1 专利申请受理量及授权量
Number of Patents Applied and Granted

单位: 件 (item)

年 份 Year	申请量 Applied				授权量 Granted			
	合计 Total	发 明 Invention	实用新型 Utility model	外观设计 Exterior design	合计 Total	发 明 Invention	实用新型 Utility model	外观设计 Exterior design
1985~1990	1607	988	619		790	371	419	
1991	298	190	107	1	168	89	79	
1992	367	228	139		212	105	107	
1993	414	262	150	2	255	104	150	1
1994	453	269	182	2	197	81	112	4
1995	499	301	195	3	224	86	137	1
1996	791	467	318	6	192	86	105	1
1997	945	589	333	23	257	93	160	4
1998	1059	694	346	19	264	76	176	12
1999	1127	775	340	12	472	108	360	4
2000	1701	1218	468	15	802	442	352	8
2001	2010	1526	477	7	920	455	453	12
2002	2523	2002	502	19	1001	583	413	5
2003	3210	2617	578	15	1522	1055	450	17
2004	3546	2944	567	35	2034	1484	521	29
2005	3899	3328	492	79	1948	1498	429	21
2006	4008	3510	487	11	2098	1536	517	45
2007	4339	3907	426	6	2179	1659	508	12
2008	5616	5014	582	20	2665	2100	554	11
2009	6222	5685	529	8	3167	2613	539	15
2010	7527	6938	568	21	3406	2789	604	13

注: 2010 年专利申请量和授权量中分别包括国外专利申请 330 件和国外专利授权 58 件。

Note: In 2010, the number of patents applied and granted in the table includes 330 patents applied and 58 patents granted overseas.

8-2 专利申请受理量及授权量(2010 年，按申请量排序)

Number of Patents Applied and Granted: 2010 (By the order of number of patents applied)

单位: 件　　(item)

机构名称 Institution	申请量 Applied					授权量 Granted				
	合计 Total	发明 Invention	实用新型 Utility model	外观设计 Exterior design	国外 overseas	合计 Total	发明 Invention	实用新型 Utility model	外观设计 Exterior design	国外 overseas
总计 Total	**7527**	**6608**	**568**	**21**	**330**	**3406**	**2731**	**604**	**13**	**58**
微电子研究所 Inst. of Microelectronics	527	443	12		72	107	100	7		
大连化学物理研究所 Dalian Inst. of Chemical Physics	355	296	16		43	140	127	3		10
上海微系统与信息技术研究所 Shanghai Inst. of Microsystem and Information Technology	259	217	3		39	81	79	2		
长春光学精密机械与物理研究所 Changchun Inst. of Optics，Fine Mechanics and Physics	241	239	1		1	81	79	1		1
金属研究所 Inst. of Metal Research	232	196	35		1	136	102	30		4
半导体研究所 Inst. of Semiconductors	227	219	8			84	80	3		1
过程工程研究所 Inst. of Process Engineering	224	217	2		5	86	83	1		2
中国科学技术大学 University of Science and Technology of China	186	166	16		4	105	77	28		
上海硅酸盐研究所 Shanghai Inst. of Ceramics	186	161	11		14	53	38	15		
合肥物质科学研究院 Hefei Institutes of Physical Sciences	172	132	40			131	91	40		
化学研究所 Inst. of Chemistry	160	151	1		8	144	143	1		
理化技术研究所 Technical Inst. of Physics and Chemistry	159	149	3	2	5	60	46	14		
声学研究所 Inst. of Acoustics	159	145	9		5	94	77	16		1
深圳先进技术研究院 Shenzhen Institutes of Advanced Technology	155	126	24	5						
计算技术研究所 Inst. of Computing Technology	150	149	1			122	118	1		3
长春应用化学研究所 Changchun Inst. of Applied Chemistry	146	145	1			105	98	3		4

续表 8-2

机构名称 Institution	申请量 Applied					授权量 Granted				
	合计 Total	发 明 Invention	实用新型 Utility model	外观设计 Exterior design	国外 overseas	合计 Total	发 明 Invention	实用新型 Utility model	外观设计 Exterior design	国外 overseas
福建物质结构研究所 Fujian Inst. of Research on the Structure of Matter	139	135	4			11	9	2		
沈阳自动化研究所 Shenyang Inst. of Automation	139	90	47		2	105	39	66		
西安光学精密机械研究所 Xi'an Inst. of Optics and Precision Mechanics	137	87	50			71	15	56		
自动化研究所 Inst. of Automation	134	114	3		17	77	77			
上海药物研究所 Shanghai Inst. of Materia Medica	128	100			28	54	43			11
生态环境研究中心 Research Center for Eco-Environmental Sciences	127	125			2	21	17			4
宁波材料技术与工程研究所 Ningbo Inst. of Material Technology and Engineering	127	114	5		8	16	12	4		
电子学研究所 Inst. of Electronics	120	120				41	36	4	1	
上海生命科学研究院 Shanghai Institutes for Biological Sciences	117	96			21	30	25			5
广州能源研究所 Guangzhou Inst. of Energy Conversion	112	90	22			45	21	24		
电工研究所 Inst. of Electrical Engineering	108	103	5			101	99	2		
光电技术研究所 Inst. of Optics and Electronics	107	104	1		2	114	108	3	3	
上海光学精密机械研究所 Shanghai Inst. of Optics and Fine Mechanics	107	102	5			86	79	7		
海洋研究所 Inst. of Oceanology	103	97	6			45	38	4		3
上海技术物理研究所 Shanghai Inst. of Technical Physics	100	87	13			53	46	7		
软件研究所 Inst. of Software	96	91	3		2	30	27	3		
苏州纳米技术与纳米仿生研究所 Suzhou Inst. of Bio-Tech and Nano-bionics	95	91	3		1	10	9	1		
遗传与发育生物学研究所 Inst. of Genetics and Developmental Biology	83	70	8		5	24	18	6		
兰州化学物理研究所 Lanzhou Inst. of Chemical Physics	81	81				33	29	3		1
山西煤炭化学研究所 Shanxi Inst. of Coal Chemistry	73	70	3			41	32	9		

续表 8-2

机构名称 Institution	申请量 Applied					授权量 Granted				
	合计 Total	发 明 Invention	实用新型 Utility model	外观设计 Exterior design	国外 overseas	合计 Total	发 明 Invention	实用新型 Utility model	外观设计 Exterior design	国外 overseas
上海有机化学研究所 Shanghai Inst. of Organic Chemistry	73	69			4	31	26	3		2
物理研究所 Inst. of Physics	67	67				60	56	4		
工程热物理研究所 Inst. of Engineering Thermophysics	63	46	14		3	46	29	17		
国家纳米科学中心 National Center for Nanoscience and Technology	57	51			6	14	13	1		
东北地理与农业生态研究所 Northeast Inst. of Geography and Agricultural Ecology	57	47		10		10	8	2		
苏州生物医学工程技术研究所 Suzhou Inst. of Biomedical Engineering and Technology	55	31	24							
青岛生物能源与过程研究所 Qingdao Inst. of Bioenergy and Bioprocess Technology	50	49	1			3	1	2		
武汉岩土力学研究所 Wuhan Inst. of Rock and Soil Mechanics	50	39	11			57	30	27		
中科院广州化学有限公司 CAS Guangzhou Chemistry Co., Ltd.	49	49				17	17			
沈阳应用生态研究所 Shenyang Inst. of Applied Ecology	47	34	11		2	55	39	16		
中国科学院沈阳科学仪器研制中心有限公司 CAS Shenyang Scientific Instrument Development Co., Ltd.	47	19	28			11	2	8	1	
微生物研究所 Inst. of Microbiology	46	46				23	23			
国家天文台 National Astronomical Observatories of China	45	38	4	3		21	18		3	
新疆理化技术研究所 Xinjiang Technical Inst. of Physics and Chemistry	44	42			2	25	25			
成都生物研究所 Chengdu Inst. of Biology	44	38	6			8	6	2		
力学研究所 Inst. of Mechanics	43	41	2			31	30	1		
南京土壤研究所 Nanjing Inst. of Soil Science	42	31	11			18	7	11		
植物研究所 Inst. of Botany	41	39	2			18	16	2		

续表 8-2

机构名称 Institution	申请量 Applied					授权量 Granted				
	合计 Total	发 明 Invention	实用新型 Utility model	外观设计 Exterior design	国外 overseas	合计 Total	发 明 Invention	实用新型 Utility model	外观设计 Exterior design	国外 overseas
地质与地球物理研究所 Inst. of Geology and Geophysics	41	34	7			12	8	4		
中国科学院成都有机化学有限公司 CAS Chengdu Organic Chemistry Co., Ltd.	39	39				11	10	1		
南海海洋研究所 South China Sea Inst. of Oceanology	37	35	2			28	23	5		
中国科学院沈阳计算技术研究所有限公司 CAS Shenyang Computing Technology Co., Ltd.	37	33	4			12	4	7	1	
昆明植物研究所 Kunming Inst. of Botany	36	35			1	21	19			2
空间科学与应用研究中心 Center for Space Science and Applied Research	35	35				27	9	18		
青海盐湖研究所 Qinghai Inst. of Saline Lakes	29	24	5			15	12	3		
西北高原生物研究所 Northwest Inst. of Plateau Biology	27	27				5	5			
新疆生态与地理研究所 Xinjiang Inst. of Ecology and Geography	27	20	7			13	9	4		
遥感应用研究所 Inst. of Remote Sensing Application	26	22	4			5	2	2	1	
广州生物医药与健康研究院 Guangzhou Institutes of Biomedicine and Health	25	22			3	6	6			
生物物理研究所 Inst. of Biophysics	25	19	1		5	7	5			2
上海应用物理研究所 Shanghai Inst. of Applied Physics	24	23	1			23	17	6		
高能物理研究所 Inst. of High Energy Physics	24	19	5			12	6	4	1	1
计算机网络信息中心 Computer Network Information Center	23	17			6	1		1		
地理科学与资源研究所 Inst. of Geographic Sciences and Natural Resources Research	20	20				19	9	10		
烟台海岸带研究所 Yantai Inst. of Coastal Zone Research	19	19								
昆明动物研究所 Kunming Inst. of Zoology	18	18				6	5			1

续表 8-2

机构名称 Institution	申请量 Applied					授权量 Granted				
	合计 Total	发 明 Invention	实用新型 Utility model	外观设计 Exterior design	国外 overseas	合计 Total	发 明 Invention	实用新型 Utility model	外观设计 Exterior design	国外 overseas
中国科学院研究生院 Graduate University of Chinese Academy of Sciences	18	15			3	8	8			
动物研究所 Inst. of Zoology	17	16			1	2	1	1		
华南植物园 South China Botanical Garden	17	15			2	10	10			
西双版纳热带植物园 Xishuangbanna Tropical Botanical Garden	17	11	3		3	7	4	3		
城市环境研究所 Inst. of Urban Environment	16	15	1			2	1	1		
近代物理研究所 Inst. of Modern Physics	16	11	5			10	6	4		
寒区旱区环境与工程研究所 Cold and Arid Regions Environmental and Engineering Research Inst.	16	10	6			10	6	4		
广州地球化学研究所 Guangzhou Inst. of Geochemistry	15	12	2	1		10	8	2		
北京中科科仪技术发展有限责任公司 KYKY Technology Development Ltd.	15	7	8			15	1	13	1	
光电研究院 Academy of Opto-Electronics	14	14				4	1	3		
武汉病毒研究所 Wuhan Inst. of Virology	14	13			1	9	9			
成都山地灾害与环境研究所 Chengdu Inst. of Mountain Hazards and Environment	14	12	2			16	10	6		
武汉物理与数学研究所 Wuhan Inst. of Physics and Mathematics	14	11	3			14	6	8		
南京地理与湖泊研究所 Nanjing Inst. of Geography and Limnology	13	9	4			19	14	5		
武汉植物园 Wuhan Botanical Garden	12	12				5	3	2		
水生生物研究所 Inst. of Hydrobiology	12	12				4	4			
南京中科天文仪器有限公司 Nanjing Astronomic Instrument Co., Ltd.	12	5	7			1	1			
亚热带农业生态研究所 Inst. of Subtropical Agriculture	11	10			1	4	4			

续表 8-2

机构名称 Institution	申请量 Applied					授权量 Granted				
	合计 Total	发明 Invention	实用新型 Utility model	外观设计 Exterior design	国外 overseas	合计 Total	发明 Invention	实用新型 Utility model	外观设计 Exterior design	国外 overseas
国家授时中心 National Time Service Center	10	5	5			8	3	5		
中科院成都信息技术有限公司 CAS Chengdu Information Technology Co., Ltd.	9	6	3			4	2	1	1	
紫金山天文台 Purple Mountain Observatory	8	8				2	1	1		
上海天文台 Shanghai Observatory	7	6	1			5	1	4		
天津工业生物技术研究所(筹) Tianjin Inst. of Industrial Biotechnology	6	6								
测量与地球物理研究所 Inst. of Geodesy and Geophysics	5	3	2			5	1	4		
成都中科唯实仪器有限责任公司 CAS Chengdu Weishi Instrument Co., Ltd.	5		5							
北京中科院软件中心有限公司 CAS Beijing Software Co., Ltd.	4	3			1					
地球化学研究所 Inst. of Geochemistry	2	2								
心理研究所 Inst. of Psychology	2	1			1	1	1			
大气物理研究所 Inst. of Atmospheric Physics	1	1				2	2			
青藏高原研究所 Inst. of Tibetan Plateau Research	1	1				2	2			
北京基因组研究所 Beijing Inst. of Genetics	1	1								
水利部水土保持研究所 Inst. of Soil and Water Conservation						13	6	7		
数学与系统科学研究院 Academy of Mathematics and Systems Science						2	2			
对地观测与数字地球科学中心 Center for Earth Observation and Digital Earth						2	1	1		
中科院广州电子技术有限公司 CAS Guangzhou Electronics Technology Co., Ltd.						2		2		

8-3 科技论文的发表及被引用情况

S&T Publications and Citations

年份 Year	被国际上收录(篇) Catalogued by major international indexes (article)	SCIE 论文 Catalogued by SCIE (article)	SCI 论文被引用 Cited internationally		国内刊物发表(篇) Publications in domestic journals (article)
			篇 (article)	次 (time)	
1988	2212	1713			5458
1989	1740	1270			6099
1990	2097	1611	1568		6430
1991	2304	1690	1217	2440	6671
1992	2642	1724	1943	3898	7170
1993	3539	1877	2284	4393	6754
1994	4064	1993	2318	4286	7038
1995	4614	2276	2615	5033	7424
1996	4219	2224	2943	5727	7813
1997	5500	2926	3436	6724	8175
1998	5478	3277	3815	7534	8593
1999	8249	5376	4250	8582	9526
2000	9186	6063	5219	11046	10299
2001	10165	6725	6135	13658	11022
2002	11740	7611	7756	17624	11181
2003	14516	8632	9772	24746	12169
2004	15738	9500	9860	24746	12790
2005	22257	11952	15053	41934	13826
2006	23589	12392	17620	51926	14654
2007	24045	12423	19853	62007	13872
2008	26569	13761	23284	78600	13673
2009	26104	14202	24995	96405	13395

资料来源：中国科技信息研究所信息分析研究中心(表 8-3，表 8-4)。

Source: Center for Information Analysis, Institute of S&T Information of China (Table 8-3 and Table 8-4).

注： 1. 被国际收录的论文数据采集自美国的三种在国际上颇有影响的检索工具，即《科学引文索引》、《工程索引》和《科学技术会议索引》，国内论文数据直接取自选作统计源的国内科技期刊(2009 年为 1946 种)。

Note: Data in "Papers catalogued by major international indexes" are from SCI, EI and ISTP, and data in "Publications in domestic journals" are selected directly from domestic S&T journals (1946 journals in 2009) which are taken as the source.

2. SCI 论文被引用情况是指 SCI 引文数据库前 5 年收录的论文情况在第六年被引用的统计，例，2009 年 SCI 被引用是指 2004~2008 年被收录的论文在 2009 年被引用的情况，2008 年 SCI 论文被引用情况是指 2003~2007 年被收录的论文在 2008 年被引用的情况。其他年份依次类推。

Citation in the sixth year of papers quoted during the previous five years. For instance,citation in 2009 of papers quoted in 2004~2008, citation in 2008 of papers quoted in 2003~2007.The rest of the years is on this analogy.

3. 自 1999 年此表《SCI》论文检索数据源由光盘版改为扩展版《SCIE》。

Since 1999, SCI data in the table came from the network of SCIE instead of the light disk.

8-4 科技论文的发表及被引用情况(2009 年)
S&T Publications and Citations: 2009

	被国际上收录(篇) Catalogued by major international indexes (article)		SCI 论文被引用 Cited internationally		国内刊物发表(篇) Publications in domestic journals (article)
		SCIE 论文 Catalogued by SCIE (article)	篇 (article)	次 (time)	
总 计 Total	**26104**	**14202**	**24995**	**96405**	**13395**
一、按学科分 By discipline					
数学 Mathematics	739	242	294	1064	159
信息科学与系统科学 Information science & systems science	38	38	6	24	193
力学 Mechanics	1219	56	109	461	266
物理学 Physics	4205	2466	3498	15018	2369
化学 Chemistry	5950	4181	6922	43075	1241
天文学 Astronomy	514	447	538	2764	341
地球科学 Earth sciences	1414	1171	945	3564	4742
生物学 Biologcal sciences	2135	1947	2407	9768	2856
预防医学 Preventive medicine	33	25	17	66	18
基础医学 Basic medical science	266	250	406	1641	165
药学 Pharmacy	109	109	247	908	94
临床医学 Clinical medicine	76	72	118	473	69
中医学 Chinese herbal medicine	2	2	32	114	134
军事医学与特种医学 Military medicine & Special medicine	2	2	11	32	1

续表 8-4

	被国际上收录(篇) Catalogued by major international indexes (article)		SCI 论文被引用 Cited internationally		国内刊物发表(篇) Publications in domestic journals (article)
		SCIE 论文 Catalogued by SCIE (article)	篇 (article)	次 (time)	
农学 Agronomy	242	152	283	827	1797
林学 Forestry	76	40	45	107	140
畜牧兽医 Animal husbandry & veterinary medicine	21	21	5	18	145
水产 Fishery	57	57	118	391	41
测绘技术 Mapping technology	963				316
材料科学 Material sciences	1261	840	1541	6451	396
工程与技术基础学科 Basic engineering and technology	111	103	91	329	24
矿业 Mining	48	9	11	34	100
能源科学技术 Energy science & technology	166	70	63	226	287
冶金、金属 Metallurgy & metal	218	81	40	71	74
机械工程 Mechanical engineering	766	109	74	254	140
动力与电气 Dynamics & electrical engineering	237	4	64	243	160
核科学技术 Nuclear science & technology	90	37	27	87	65
电子、通讯与自动控制 Electrnics, communication & automation control technology	1452	317	153	448	1184
计算科学技术 Computer science & technology	1464	178	120	311	1493
化工 Chemical engineering	507	160	254	826	394
轻工纺织 Light industry & textile	5				18

续表 8-4

	被国际上收录(篇) Catalogued by major international indexes (article)	SCIE 论文 Catalogued by SCIE (article)	SCI 论文被引用 Cited internationally 篇 (article)	次 (time)	国内刊物发表(篇) Publications in domestic journals (article)
食品 Food (salty)	66	18	29	73	15
土木建筑 Civil engineering	169	43	33	95	116
水利 Water conservancy	31	16	10	28	106
交通运输 Transportation	37	1			63
航空航天 Space and astronautics	85	26	37	57	130
安全科学技术 Safty science technology	65	3	5	6	1
环境科学 Environmental science & technology	97		789	3309	1197
管理学 Mangement	146		6	21	5
其他 Others	1022	909	1	6	10
二、按单位分 By unit					
(一)院直属事业单位 Institution					
北京分院(筹) Beijing Branch	9714	4988	8930	36047	4516
沈阳分院 Shenyang Branch	2346	1324	2232	8892	1030
长春分院 Changchun Branch	1567	795	1725	7463	782
上海分院 Shanghai Branch	3770	2294	4488	18393	1043
南京分院 Nanjing Branch	392	254	421	1203	519
合肥物质科学研究院 Hefei Institutes of Physical Sciences	851	377	559	1896	338

续表 8-4

	被国际上收录(篇) Catalogued by major international indexes (article)	SCIE 论文 Catalogued by SCIE (article)	SCI 论文被引用 Cited internationally 篇 (article)	次 (time)	国内刊物发表(篇) Publications in domestic journals (article)
武汉分院 Wuhan Branch	662	411	574	1625	488
广州分院 Guangzhou Branch	867	562	633	2199	650
成都分院 Chengdu Branch	308	183	174	508	370
昆明分院 Kunming Branch	613	500	775	2222	386
西安分院 Xi'an Branch	237	103	119	311	243
兰州分院 Lanzhou Branch	908	548	850	2646	732
新疆分院 Xinjiang Branch	150	88	32	80	235
中国科学院本部 CAS Headquarters					
(二)学校及公共支撑单位 Universitites and Public Supporting Institute	3680	1764	2379	12913	1827
(三)院属单位投资企业 CAS Institution Invested Enterprises					

注：1.《中国科技论文与引文数据库》(CSTPCD）中有 9 篇，被国际收录论文有 4 篇，对作者单位只检索到“中国科学院”，故此表各所未含该部分论文数。

Note: 9 papers were include in CSTPCD, and 4 papers were catalogued by major internal indexes. Authors' institutions are searched only under the categoey of CAS. So,this table does not include these numbers of paper.

2. 论文的学科分类是以论文所属学科，按国家标准《学科分类与代码》(GB/T13745—1992）进行的分类统计。

Papers are classified by disciplins.The statistics are based on the discipline classification of the state standards (GB/T13745—1992).

8-5 科技论文在国内重要期刊上发表及被引用情况
S&T Papers Published and Cited by Major Domestic Journals

年 份 Year	国内期刊发表数（篇） Papers published in domestic journals (article)	其中： NSFC 基金论文数(篇) NSFC papers (article)	在国内被引用 Cited domestically	
			篇 (article)	次 (time)
1990	4738	1215		
1991	4780	1342		
1992	5025	1570		
1993	4826	1611		
1994	4931	1783	2164	2968
1995	5092	1848	2309	3141
1996	6592	2331	2989	3911
1997	7261	2680	3455	4701
1998	7291	4016	3998	5316
1999	8301	3353	5466	8028
2000	9356	3585	6752	10188
2001	9688	4350	7034	11047
2002	9773	4570	8546	13716
2003	10588	4770	9414	15678
2004	11112	5047	11378	19928
2005	11670	5728	12606	22567
2006	11336	5561	13809	25060
2007	11195	5654	13698	25696
2008	11219	5592	14313	26321
2009	11006	5382	16271	29725

资料来源：中国科学引文数据库(核心库)。

Source: Chinese Science Citation Database (Core Database).

注：中国科学引文数据库的数据来源丁国内较重要的 746 种(1989~1995 年为 315 种)中英文期刊。NSFC 基金论文数是指受国家自然科学基金资助的论文数。在国内被引用情况是指中国科学引文数据库前 5 年收录的论文在第六年被引用的统计，例如，2009 年国内被引情况是指 2004~2008 年被收录的论文在 2009 年被引用的情况，2008 年国内被引情况是指 2003~2007 年被收录的论文在 2008 年被引用的情况。其他年份依次类推。

Note: Data in Chinese Science Citation Database are from 746 major domestic S&T journals in Chinese and English (315 major domestic S&T journals in 1989~1995). Data of NSFC papers refer to the number of papers which are published on the basis of research projects supported by the National Natural Science Foundation of China. Domestic citation refers to the citation of papers quoted by Chinese Science Citation Database over the previous five years. For instance, the citation in 2009 of papers quoted in 2004~2008,the citation in 2008 of papers quoted in 2003~2007. The papers citation for the rest of the years is on this analogy.

8-6 科技论文在国内重要期刊上被引次数最多的前 30 名机构(2009 年)

Top 30 Institutions in Citation of S&T Papers by Major Domestic Journals: 2009

机构名称 Institution	在国内被引用 Cited domestically	
	篇 (article)	次 (time)
地理科学与资源研究所 Inst. of Geographic Sciences and Natural Resources Research	925	1972
寒区旱区环境与工程研究所 Cold and Arid Regions Environmental and Engineering Research Inst.	812	1790
地质与地球物理研究所 Inst. of Geology and Geophysics	698	1692
中国科学技术大学 University of Science and Technology of China	1107	1610
沈阳应用生态研究所 Shenyang Inst. of Applied Ecology	573	1206
大气物理研究所 Inst. of Atmospheric Physics	518	1092
南京土壤研究所 Nanjing Inst. of Soil Science	490	1018
生态环境研究中心 Research Center of Eco-Environmental Sciences	479	971
东北地理与农业生态研究所 Northeast Inst. of Geography and Agriculture Ecology	478	962
广州地球化学研究所 Guangzhou Inst. of Geochemistry	458	932
南京地理与湖泊研究所 Nanjing Inst. of Geography and Limnology	355	839
新疆生态与地理研究所 Xinjiang Inst. of Ecology and Geography	361	707
上海光学精密机械研究所 Shanghai Inst. of Optics and Fine Mechanics	367	638
植物研究所 Inst. of Botany	284	587
合肥物质科学研究院 Hefei Inst. of Physical Science	312	527

续表 8-6

机构名称 Institution	在国内被引用 Cited domestically	
	篇 (article)	次 (time)
长春光学精密机械与物理研究所 Changchun Inst. of Optics, Fine Mechanics and Physics	295	523
地球化学研究所 Inst. of Geochemistry	251	520
海洋研究所 Inst. of Oceanology	313	497
华南植物园 South China Botanical Garden	221	430
水土保持研究所 Inst. of Soil and Water Conservation	212	427
武汉岩土力学研究所 Wuhan Inst. of Rock and Soil Mechanics	236	400
计算技术研究所 Inst. of Computing Technology	220	364
软件研究所 Inst. of Software	195	353
研究生院 Graduate University	222	351
亚热带农业生态研究所 Inst. of Subtropical Agriculture Ecology	159	349
遥感应用研究所 Inst. of Remote Sensing Applications	187	339
大连化学物理研究所 Dalian Inst. of Chemical Physics	230	336
水生生物研究所 Inst. of Hydrobiologys	190	336
西安光学精密机械所 Xi’an Inst. of Optics and Precision Mechanics	181	314
南海海洋研究所 South China Sea Inst. of Oceanology	163	276

资料来源：中国科学引文数据库(核心库)。

Source: Chinese Science Citation Database(Core Database).

注：国内被引情况是指 2004~2008 年被中国科学引文数据库收录的论文在 2009 年被引用的情况。

Note: Domestic citation refers to citation in 2009 of papers quoted by Chinese Science Citation Database in 2004~2008.

8-7 获国家自然科学奖情况

S&T Achievements Granted with National Natural Science Awards

年份 Year	项目 Item	获奖总项数 Total	一等奖 1st class	二等奖 2nd class	三等奖 3rd class	四等奖 4th class
1956 (第一届)	全国授奖项数 National total	34	3	5	26	
	中国科学院获奖数 Awards won by CAS	23	3	2	18	
1982 (第二届)	全国授奖项数 National total	125	9	40	49	27
	中国科学院获奖数 Awards won by CAS	47	2	23	17	5
1987 (第三届)	全国授奖项数 National total	178	11	39	87	41
	中国科学院获奖数 Awards won by CAS	72	7	17	33	15
1989 (第四届)	全国授奖项数 National total	59	2	19	23	15
	中国科学院获奖数 Awards won by CAS	32	2	11	14	5
1991 (第五届)	全国授奖项数 National total	53		10	31	12
	中国科学院获奖数 Awards won by CAS	16		5	11	
1993 (第六届)	全国授奖项数 National total	52	1	18	21	12
	中国科学院获奖数 Awards won by CAS	20	1	11	6	2
1995 (第七届)	全国授奖项数 National total	57		15	27	15
	中国科学院获奖数 Awards won by CAS	25		10	11	4
1997 (第八届)	全国授奖项数 National total	51	1	8	30	12
	中国科学院获奖数 Awards won by CAS	20	1	5	12	2
1999 (第九届)	全国授奖项数 National total	57		10	31	16
	中国科学院获奖数 Awards won by CAS	21		7	11	3
2000 (第十届)	全国授奖项数 National total	15		15		
	中国科学院获奖数 Awards won by CAS	6		6		

续表 8-7

年 份 Year	项 目 Item	获奖总项数 Total	一等奖 1st class	二等奖 2nd class	三等奖 3rd class	四等奖 4th class
2001	全国授奖项数 National total	18		18		
(第十一届)	中国科学院获奖数 Awards won by CAS	8		8		
2002	全国授奖项数 National total	24	1	23		
(第十二届)	中国科学院获奖数 Awards won by CAS	12	1	11		
2003	全国授奖项数 National total	19	1	18		
(第十三届)	中国科学院获奖数 Awards won by CAS	6	1	5		
2004	全国授奖项数 National total	28		28		
(第十四届)	中国科学院获奖数 Awards won by CAS	10		10		
2005	全国授奖项数 National total	38		38		
(第十五届)	中国科学院获奖数 Awards won by CAS	17		17		
2006	全国授奖项数 National total	29	2	27		
(第十六届)	中国科学院获奖数 Awards won by CAS	12		12		
2007	全国授奖项数 National total	39		39		
(第十七届)	中国科学院获奖数 Awards won by CAS	13		13		
2008	全国授奖项数 National total	34		34		
(第十八届)	中国科学院获奖数 Awards won by CAS	17		17		
2009	全国授奖项数 National total	28	1	27		
(第十九届)	中国科学院获奖数 Awards won by CAS	13	1	12		
2010	全国授奖项数 National total	30		30		
(第二十届)	中国科学院获奖数 Awards won by CAS	10		10		

注：表中院获奖数是院直属单位为第一完成单位的获奖数。自 2000 年始国家自然科学奖只设一、二等奖，2003 年增设特等奖。

Note: In the table, the number of awards won by CAS indicates the number of awards won by the CAS institution who is the first unit for the achievement. Since 2000, National Natural Science Awards only has had 1st and 2nd class Awards. Since 2003, Special Class Award of Natural Science Awards has been added.

8-8 获国家技术发明奖情况

S&T Achievements Granted with National Technology Invention Awards

年份 Year	项目 Item	获奖总项数 Total	一等奖 1st class	二等奖 2nd class	三等奖 3rd class	四等奖 4th class
1979	全国授奖项数 National total	43	1	12	24	6
	中国科学院获奖数 Awards won by CAS	12	1	3	7	1
1980	全国授奖项数 National total	109		13	75	21
	中国科学院获奖数 Awards won by CAS	22		4	17	1
1981	全国授奖项数 National total	123	3	10	56	54
	中国科学院获奖数 Awards won by CAS	6			3	3
1982	全国授奖项数 National total	153	4	17	68	64
	中国科学院获奖数 Awards won by CAS	9			4	5
1983	全国授奖项数 National total	212	5	18	108	81
	中国科学院获奖数 Awards won by CAS	11		2	8	1
1984	全国授奖项数 National total	264	7	25	125	107
	中国科学院获奖数 Awards won by CAS	15	1	3	8	3
1985	全国授奖项数 National total	185	6	18	92	69
	中国科学院获奖数 Awards won by CAS	6			4	2
1986	全国授奖项数 National total	30		3	12	15
	中国科学院获奖数 Awards won by CAS					
1987	全国授奖项数 National total	225	1	24	96	104
	中国科学院获奖数 Awards won by CAS	12		1	9	2
1988	全国授奖项数 National total	217	4	20	97	96
	中国科学院获奖数 Awards won by CAS	12	1	2	6	3

续表 8-8

年 份 Year	项 目 Item	获奖总项数 Total	一等奖 1st class	二等奖 2nd class	三等奖 3rd class	四等奖 4th class
1989	全国授奖项数 National total	150		14	67	69
	中国科学院获奖数 Awards won by CAS	4			3	1
1990	全国授奖项数 National total	224	3	15	113	93
	中国科学院获奖数 Awards won by CAS	5			4	1
1991	全国授奖项数 National total	209	1	12	92	104
	中国科学院获奖数 Awards won by CAS	7	1	1	4	1
1992	全国授奖项数 National total	170		10	68	92
	中国科学院获奖数 Awards won by CAS	5		1	1	3
1993	全国授奖项数 National total	175		16	74	85
	中国科学院获奖数 Awards won by CAS	5		2	3	
1995	全国授奖项数 National total	131	1	12	59	59
	中国科学院获奖数 Awards won by CAS	4		1	3	
1996	全国授奖项数 National total	111	1	8	56	46
	中国科学院获奖数 Awards won by CAS	9		1	6	2
1997	全国授奖项数 National total	100	1	13	46	40
	中国科学院获奖数 Awards won by CAS					
1998	全国授奖项数 National total	72		10	30	32
	中国科学院获奖数 Awards won by CAS	4		1	1	2
1999	全国授奖项数 National total	69		13	38	18
	中国科学院获奖数 Awards won by CAS	7		2	4	1
2000	全国授奖项数 National total	23		23		
	中国科学院获奖数 Awards won by CAS	2		2		

续表 8-8

年份 Year	项目 Item	获奖总项数 Total	一等奖 1st class	二等奖 2nd class	三等奖 3rd class	四等奖 4th class
2001	全国授奖项数 National total	14		14		
	中国科学院获奖数 Awards won by CAS	1		1		
2002	全国授奖项数 National total	21		21		
	中国科学院获奖数 Awards won by CAS	1		1		
2003	全国授奖项数 National total	19		19		
	中国科学院获奖数 Awards won by CAS	1		1		
2004	全国授奖项数 National total	28	2	26		
	中国科学院获奖数 Awards won by CAS	1		1		
2005	全国授奖项数 National total	40	1	39		
	中国科学院获奖数 Awards won by CAS	8		8		
2006	全国授奖项数 National total	56	1	55		
	中国科学院获奖数 Awards won by CAS	5		5		
2007	全国授奖项数 National total	51	1	50		
	中国科学院获奖数 Awards won by CAS	3		3		
2008	全国授奖项数 National total	55	3	52		
	中国科学院获奖数 Awards won by CAS	3		3		
2009	全国授奖项数 National total	55	2	53		
	中国科学院获奖数 Awards won by CAS	2		2		
2010	全国授奖项数 National total	46	2	44		
	中国科学院获奖数 Awards won by CAS	2		2		

注: 1. 1994 年国家技术发明奖停评一年。

Note: The evaluation of achievements for National Technology Invention Awards was suspended in 1994 for a year.

2. 表中院获奖数是院直属单位为第一完成单位的获奖数。自 2000 年始国家技术发明奖只设一、二等奖，2003 年增设特等奖。

In the table,the number of awards won by CAS indicates the number of awards won by the CAS institution who is the first unit for the achievement. Since 2000, National Technology Invention Awards only has had 1st and 2nd class Awards. Since 2003, the Special Class Award of National Technology Invention Awards has been established.

8-9　获国家科技进步奖情况

S&T Achievements Granted with National S&T Progress Awards

年 份 Year	项 目 Item	获奖总项数 Total	特等奖 Special class	一等奖 1st class	二等奖 2nd class	三等奖 3rd class
1985	全国授奖项数 National total	1761	23	135	535	1068
	中国科学院获奖数 Awards won by CAS	73	2	8	28	35
1987	全国授奖项数 National total	807	4	50	237	516
	中国科学院获奖数 Awards won by CAS	36		1	13	22
1988	全国授奖项数 National total	515	3	34	151	327
	中国科学院获奖数 Awards won by CAS	29		4	11	14
1989	全国授奖项数 National total	504	3	36	152	313
	中国科学院获奖数 Awards won by CAS	26		1	9	16
1990	全国授奖项数 National total	505	3	32	142	328
	中国科学院获奖数 Awards won by CAS	17	1	3	5	8
1991	全国授奖项数 National total	502	1	32	140	329
	中国科学院获奖数 Awards won by CAS	28		1	11	16
1992	全国授奖项数 National total	649	3	38	195	413
	中国科学院获奖数 Awards won by CAS	40		4	14	22
1993	全国授奖项数 National total	441	2	27	122	290
	中国科学院获奖数 Awards won by CAS	22		3	10	9
1995	全国授奖项数 National total	607	2	25	182	398
	中国科学院获奖数 Awards won by CAS	44		2	13	29
1996	全国授奖项数 National total	536	4	20	169	343
	中国科学院获奖数 Awards won by CAS	31			8	23
1997	全国授奖项数 National total	475	3	19	150	303
	中国科学院获奖数 Awards won by CAS	21		1	10	10
1998	全国授奖项数 National total	471	3	22	133	313
	中国科学院获奖数 Awards won by CAS	24		2	6	16

续表 8-9

年 份 Year	项 目 Item	获奖总项数 Total	特等奖 Special class	一等奖 1st class	二等奖 2nd class	三等奖 3rd class
1999	全国授奖项数 National total	476	2	17	143	314
	中国科学院获奖数 Awards won by CAS	20			6	14
2000	全国授奖项数 National total	250		22	228	
	中国科学院获奖数 Awards won by CAS	9			9	
2001	全国授奖项数 National total	191		17	174	
	中国科学院获奖数 Awards won by CAS	7		1	6	
2002	全国授奖项数 National total	218		18	200	
	中国科学院获奖数 Awards won by CAS	14			14	
2003	全国授奖项数 National total	216	1	16	199	
	中国科学院获奖数 Awards won by CAS	9			9	
2004	全国授奖项数 National total	244		16	228	
	中国科学院获奖数 Awards won by CAS	14		1	13	
2005	全国授奖项数 National total	236		18	218	
	中国科学院获奖数 Awards won by CAS	18			18	
2006	全国授奖项数 National total	241	1	20	220	
	中国科学院获奖数 Awards won by CAS	13		2	11	
2007	全国授奖项数 National total	254		19	235	
	中国科学院获奖数 Awards won by CAS	14			14	
2008	全国授奖项数 National total	254	3	26	225	
	中国科学院获奖数 Awards won by CAS	14		1	13	
2009	全国授奖项数 National total	282	3	17	262	
	中国科学院获奖数 Awards won by CAS	14			14	
2010	全国授奖项数 National total	273	3	31	239	
	中国科学院获奖数 Awards won by CAS	12		1	11	

注: 1. 国家科技进步奖 1986 年、1994 年停评。

Note: The evaluation of achievements for National S&T Progress Awards was suspended in 1986 and 1994 respectively.

2. 表中院获奖数是院直属单位为第一完成单位的获奖数。自 2000 年始国家科技进步奖设一、二等奖。
In the table, the number of awards won by CAS indicates the number of awards won by the CAS institution who is the first unit for the achievement. Since 2000, National S&T Progress Awards has had only 1st and 2nd class Awards.

8-10 获国家科学技术奖情况(2010 年)
S&T Achievements Granted with National S&T Awards: 2010

	合 计 Total	一等奖 1st class	二等奖 2nd class
总 计 Total	**24**	**1**	**23**
一、国家最高科学技术奖(人) State Supreme S&T Award (person)	1		
二、国家自然科学奖(项) National Natural Science Award (item)	10		10
数学与系统科学研究院 Academy of Mathematics and Systems Science	1		1
物理研究所 Inst. of Physics	1		1
高能物理研究所 Inst. of High Energy Physics	1		1
长春应用化学研究所 Changchun Inst. of Applied Chemistry	1		1
过程工程研究所 Inst. of Process Engineering	1		1
上海有机化学研究所 Shanghai Inst. of Organic Chemistry	1		1
中国科学技术大学 University of Science and Technology of China	2		2
南京地质古生物研究所 Nanjing Inst. of Geology and paleontology	1		1
上海生命科学研究院 Shanghai Institutes for Biological Sciences	1		1
三、国家技术发明奖(项) National Technology Invention Award (item)	2		2
自动化研究所 Inst. of Automation	1		1
寒区旱区环境与工程研究所 Cold and Arid Regions Environmental and Engineering Research Inst.	1		1
四、国家科技进步奖(项) National S&T Progress Award (item)	12	1	11
空间科学与应用研究中心 Center for Space Science and Applied Research	1	1	
亚热带农业生态研究所 Inst. of Subtropical Agriculture	1		1
数学与系统科学研究院 Academy of Mathematics and Systems Science	1		1

续表 8-10

	合 计 Total	一等奖 1st class	二等奖 2nd class
西安光学精密机械研究所 Xi'an Inst. of Optics and Precision Mechanics	1		1
武汉岩土力学研究所 Wuhan Inst. of Rock and Soil Mechanics	3		3
东北地理与农业生态研究所 Northeast Inst. of Geography and Agricultural Ecology	1		1
地理科学与资源研究所 Inst. of Geographic Sciences and Natural Resources Research	1		1
遥感应用研究所 Inst. of Remote Sensing Application	1		1
沈阳自动化研究所 Shenyang Inst. of Automation	1		1
电子学研究所 Inst. of Electronics	1		1

注: 1. 国家最高科学技术奖每年只奖励 2 人。

Note: State Supreme S&T Award is only given to 2 persons every year.

2. 总计中不包括国家最高科学技术奖。

The total number excludes the State Supreme S&T Award.

3. 表中院获奖数是院直属单位为第一完成单位的获奖数。

In the table, the number of awards won by CAS indicates the number of awards won by the CAS institution who is the first unit for the achievement.

九、院、所投资企业开发经营活动

BUSINESS ACTIVITIES OF CAS AND ITS INSTITUTION INVESTED ENTERPRISES

9-1　院、所投资企业总体情况

Statistical Indices of CAS and Its Institution Invested Enterprises

单位：万元　　(ten thousand yuan)

项　目 Items	2004 年	2005 年	2006 年	2007 年	2008 年	2009 年	2010 年
资产总额 Total assets	4944484	9180876	10176973	11526907	11789703	14996911	19493802
流动资产 Current assets	3485996	5991706	6661299	7948616	8010756	10550546	13577212
负债总额 Total liabilities	2671741	6725501	7131271	7970395	8049342	10139865	13026600
少数股东权益 Minority interests	486884	809412	767728	1118164	919473	1366288	1717296
所有者权益 Total owners' equity	1785859	2131230	2282877	2438210	2766393	3510513	4693098
营业收入 Operating income	5675970	12303978	15699028	17596445	17280195	17375585	22325182
营业成本 Cost of sales	4706021	10506167	13465011	14919015	14867146	14981227	19458555
费用总额 Total fees	654802	1544720	2121465	2131310	2131139	2040205	2304446
利润总额 Total profit	259406	313327	194633	673758	449017	647944	1000447
上缴税金总额 Total tax paid	160696	228822	257903	345459	344293	432787	430326
利税总额 Total profit and tax	393752	478913	391970	753750	634211	878975	1220985
创汇额(万美元) Foreign exchange income (ten thousand US dollars)	34334	181585	71902	502077	520738	376486	412266
R&D 投入 R&D investment	153805	198740	336830	338667	205666	215371	276352
成果获奖数(项) Achievements (item)	229	167	147	141	110	104	89
产品项目数(项) Number of products (item)	733	782	755	526	615	565	689

续表 9-1

项 目 Items	2004 年	2005 年	2006 年	2007 年	2008 年	2009 年	2010 年
上缴院所利润 Profit turned over to CAS and institutes	16335	23135	23818	24691	11702	49047	25407
上缴院所费用 Fees turned over to CAS and institutes	5636	4625	4931	3565	3782	2590	4114
在职职工总数(人) Total number of staff at work	58185	67198	73371	71283	71872	73524	86808
统计企业数(个) Number of enterprises	432	450	459	492	521	516	551

注: 1. 各项统计指标是按照企业法人为单位进行统计的。

Note: The statistical indices here are calculated by taking enterprises corporate as the legal bodies.

2. 在职职工总数：2003 年前数据为职工总数，含离退休人员。

The number of staff at work: the total number of staff at work before 2003 included the number of retired personnel.

9-2 院、所投资企业按在职职工总数分组(2010 年)

CAS and Its Institution Invested Enterprises, by Number of Staff: 2010

	合 计 Total	1~10 人 1~10 persons	11~50 人 11~50 persons	51~100 人 51~100 persons	101~200 人 101~200 persons	201~300 人 201~300 persons	>300 人 >300 persons
企业数(个) Number of enterprises	551	112	221	86	77	18	37
(%)	100	20.32	40.11	15.61	13.97	3.27	6.72
人 数 Number of people	86808	590	5755	6242	10616	4399	59206
(%)	100	0.68	6.63	7.19	12.23	5.07	68.20

注: 未提供人数的企业划在 1~10 人范围内。

Note: The number of people of the enterprises which do not provide data is assumed as less than 10.

9-3 院、所投资企业按营业收入分组(2010 年)

CAS and Its Institution Invested Enterprises, by Operating Income: 2010

单位: 万元 (ten thousand yuan)

	合 计 Total	0~<100	100~<500	500~ <1000	1000~ <5000	5000~ <10000	>10000
企业数(个) Number of enterprises	443	83	109	65	98	32	56
(%)	100	18.74	24.61	14.67	22.12	7.22	12.64
营业收入 Operating income	22325182	2574	29659	47319	226890	227315	21791425
(%)	100	0.01	0.13	0.21	1.02	1.02	97.61

注: 表 9-3, 表 9-4, 表 9-7 中企业数(个)是以集团合并报表进行统计得出的结果。

Note: The number of enterprises in Table 9-3, Table 9-4 and Table 9-7 are calculated by taking the number of CAS invested group corporations statistical statement.

9-4 院、所投资企业按年利润总额分组(2010 年)

CAS and Its Institution Invested Enterprises, by Annual Profit: 2010

单位: 万元 (ten thousand yuan)

	合 计 Total	0 以下	0~ <100	100~ <500	500~ <1000	1000~ <5000	5000~ <10000	>10000
企业数(个) Number of enterprises	443	132	154	70	30	39	8	10
(%)	100	29.80	34.76	15.80	6.77	8.80	1.81	2.26
利润总额 Total profit	1000447	–28117	3355	15788	22355	97903	55101	834062
(%)	100	–2.81	0.34	1.58	2.23	9.78	5.51	83.37

9-5 营业收入排序前 30 名的院、所投资企业(2010 年)
Top 30 CAS and Its Institution Invested Enterprises in Business Income: 2010

单位: 万元 (ten thousand yuan)

序号 No.	企 业 名 称 Name of enterprises	营业收入 Operating income
1	联想控股有限公司 Legend Holdings Ltd.	19267430
2	北京三环新材料高技术公司 Beijing Sanhuan New Materials High-Tech Inc.	236643
3	中国大恒（集团）有限公司 China Daheng Group	189345
4	成都地奥制药集团有限责任公司 Chengdu Di’ao Pharmaceutical Corporation, CAS	187977
5	时代出版传媒股份有限公司 Time Publishing & Media Co.,Ltd.	183340
6	汉王科技股份有限公司 Beijing Hanwang Technology Co., Ltd.	123703
7	中科软科技股份有限公司 Sinosoft Co., Ltd.	122063
8	中科英华高技术股份有限公司 Zhongke Yinghua High-tech Co., Ltd.	112480
9	上海思富医药有限公司 Shanghai Siful Medicune Co., Ltd.	110491
10	科学出版社有限责任公司 Science Press Co., Ltd.	101299
11	曙光信息产业股份有限公司 Dawning Information Industrialigation Co., Ltd.	91347
12	青岛金王应用化学股份有限公司 QingDao Kingking Applied Chemistry Co.,Ltd.	79977
13	上海杰事杰新材料(集团)股份有限公司 Shanghai GENIUS Advanced Material Co., Ltd.	69879
14	北京中关村科学城建设股份有限公司 Beijing Zhongguancun Science City Construction Holding Co.,Ltd.	69241
15	沈阳新松机器人自动化股份有限公司 SIASUN Robot&Automation Co.,Ltd.	55216
16	东方科学仪器进出口集团有限公司（本部） Oriental Scientific Instrument Import & Export Group Corporation	51636

续表 9-5

序号 No.	企业名称 Name of enterprises	营业收入 Operating income
17	北京中科资源有限公司 Beijing Zhongke Resource Co., Ltd.	42814
18	北京东方中科集成科技股份有限公司 Beijing Oriental JiCheng Co., Ltd	37872
19	云南绿大地生物科技股份有限公司 Yunnan Green-Land Biological Technology Co., Ltd.	37255
20	上海中科股份有限公司 Shanghai China Sciences Co., Ltd.	36671
21	大连凯飞化学股份有限公司 Dalian Chemphy Chemical Co., Ltd.	36062
22	深圳市金科特种材料有限公司 Shenzhen Jinke Special Materials Co., Ltd.	33152
23	中科铜都粉体新材料股份有限公司 Zhongke Tongdu Powder New-material Incorporated Company	31371
24	上海信耀电子有限公司 Shanghai Xinyao Electronic Co.,Ltd.	31081
25	上海尼赛拉传感器有限公司 Shanghai Nicera Sensor Co., Ltd.	30669
26	甘肃海林中科科技股份有限公司 Gansu Hailing CAS S&T Holding Co., Ltd.	29909
27	上海中科合臣化学有限责任公司 Shanghai Synica Co.,Ltd.	29734
28	东方科学仪器上海进出口有限公司 Oriental Scientific Instrument Shanghai I/ E Corporation	26909
29	中科院成都信息技术有限公司 CASIT Chengdu Information Technology Co., Ltd.	26677
30	联创汽车电子有限公司 DIAS Automotive Electronic Systems Co.,Ltd.	26563

注：“合并”指合并会计报表，又称合并财务报表，即以母公司和子公司组成的企业集团为一会计主体，以母公司和子公司单独编制的个别会计报表为基础，由母公司编制的综合反映由母公司与子公司组成的企业集团经营成果、财务状况及其变动情况的会计报表。

Note: “Merged” refers to the merged statement of accounting or merged financial statement. It means the combined accounting statement of a group company consisting of parent company and subordinate companies, on the basis of the independent accounting statement of both the parent company and the subordinate companies. The merged accounting statement made by parent company indicates group company operating resuls,financial status and its changes of both the parent company and subordinate companies.

9-6 利润总额排序前30名的院、所投资企业(2010年)

Top 30 CAS and Its Institution Invested Enterprises in Total Profit: 2010

单位: 万元 (ten thousand yuan)

序号 No.	企业名称 Name of enterprises	利润总额 Total profit
1	联想控股有限公司 Legend Holdings Ltd.	643644
2	成都地奥制药集团有限公司 Chengdu Di'ao Pharmaceutical Corporation, CAS	37192
3	北京三环新材料高技术公司 Beijing Sanhuan New Materials High-Tech Inc.	29138
4	时代出版传媒股份有限公司 Time Publishing & Media Co., Ltd.	25597
5	中国科学院国有资产经营有限责任公司 CAS Holding Co., Ltd.	25592
6	北京中关村科学城建设股份有限公司 Beijing Zhongguancun Science City Construction Holding Co., Ltd.	20109
7	科学出版社有限责任公司 Science Press Co., Ltd.	16095
8	沈阳新松机器人自动化股份有限公司 SIASUN Robot&Automation Co., Ltd.	13309
9	安徽科大讯飞信息科技股份有限公司 Anhui USTC iFLYTEK Co., Ltd.	11824
10	曙光信息产业股份有限公司 Dawning Information Industrialigation Co., Ltd.	11370
11	上海联创创业投资有限公司 Shanghai LianChuang Investing Co., Ltd.	10788
12	汉王科技股份有限公司 Hanwang Technology Co., Ltd.	8777
13	东方科学仪器进出口集团有限公司(本部) Oriental Scientific Instrument Import & Export Group Corporation	8336
14	中国科技产业投资管理有限公司 CAS Investment Management Co., Ltd.	8308

续表 9-6

序号 No.	企 业 名 称 Name of enterprises	利润总额 Total profit
15	中科实业集团(控股)有限公司(本部) China Sciences Holdings Co., Ltd.	7117
16	中科软科技股份有限公司 Sinosoft Co., Ltd.	7078
17	福建福晶科技股份有限公司 Fujian Castech Crystals Inc.	6528
18	长春奥普光电技术股份有限公司 Changchun Aopu Opto-electronic Technology Co., Ltd.	5624
19	北京视宝卫星图像有限公司 Beijing Spot Image Co., Ltd.	5285
20	北京超图软件股份有限公司 Beijing Supermap Software Co., Ltd.	5165
21	中科大资产经营有限责任公司 USTC Holdings Co., Ltd.	4580
22	中科合成油技术有限公司 Synfuels China Co., Ltd.	4580
23	北京科诺伟业科技有限公司 BeiJing CORONA Technology Co., Ltd.	4515
24	上海思富医药有限公司 Shanghai SiFu Medicine Co., Ltd.	4221
25	青岛金王应用化学股份有限公司 QingDao Kingking Applied Chemistry Co., Ltd.	4213
26	南京中科集团股份有限公司 NanJing ZhongKe Group Co., Ltd.	4035
27	中科院成都信息技术有限公司 CASIT Chengdu Information Technology Co., Ltd.	4029
28	云南绿大地生物科技股份有限公司 Yunnan Green-Land Biological Technology Co., Ltd.	3696
29	中国大恒（集团）有限公司 China Daheng Group	3555
30	北京中科科仪技术发展有限责任公司 KYKY Technology Development Ltd.	3534

9-7 院、所投资企业经营情况按行业分类(2010 年)

Statistics of Business Operation of CAS and Its Institution Invested Enterprises, by Sector: 2010

行 业 Industry	企业数 (个) Number of enterprises	营业收入 (万元) Operating income (ten thousand yuan)	利润总额 (万元) Annual profit (ten thousand yuan)
合 计 **Total**	**443**	**22325182**	**1000447**
采矿业 Mining	1	10173	694
房地产业 Real estate	3	388	−429
公共管理和社会组织 Public management and social organization	0	0	0
建筑业 Construction	10	21266	944
教育 Education	1	847	197
居民服务和其他服务业 Residential service and other services	53	95696	52207
科学研究、技术服务和地质勘查业 Science research, technical services and geological exploration	72	114305	12012
农、林、牧、渔业 Agriculture, forestry, animal husbandry and fishery	15	62745	4573
批发和零售业 Whole sale and retail	13	457248	43440
水利、环境和公共设施管理业 Water conservancy, environment and public facility management	3	5040	510
金融业 Finance	1	0	−17
文化、体育和娱乐业 Culture, sports and recreation industry	14	292954	41723
信息传输、计算机服务和软件业 Information, communication, computer services and software	61	430591	44988
制造业 Manufacturing	183	20653760	790472
住宿和餐饮业 Lodging and food service	9	9675	595
租赁和商务服务业 Leasing industry and business services	4	170494	8541
交通运输、仓储和邮政业 Transportation, warehousing and post	0	0	0

9-8 院、所投资企业高新技术产品分类(2010 年)

High-technology Products of CAS and Its Institution Invested Enterprises: 2010

产品分类 Category	产品项目数(项) Number of products (item)	销售收入(万元) Sales income (ten thousand yuan)	出口额(万美元) Export value (ten thousand US dollars)
合　计 Total	**237**	**844768**	**20895**
电子与信息 Electronics and information technology	71	254506	2377
先进制造 Advanced manufacture	50	106893	1385
生物、医药和医疗器械 Biology, medicine and medical equipment	30	117078	10
新材料 New materials	62	319520	16142
新能源与节能 New energy and energy-saving technology	11	24382	805
环境保护 Environment protection	2	2200	98
地球、空间及海洋工程 Earth, space and ocean			
农业 Agriculture	9	5284	78
航空航天 Aeronautics and space technology	1	2443	
核应用技术 Nuclear Application Techniques			
现代交通 Modern traffic	1	12462	

主要统计指标解释

1. 院、所投资企业

中国科学院及其所属各单位投资的全资、控股和参股企业。

2. 在职职工总数

在职职工总数包括固定合同制职工、聘用人员和临时工。

3. 少数股东权益

指集团公司的子公司所有者权益中不属于母公司的份额，在合并会计报表中用“少数股东权益”表示。

4. 所有者权益

所有者权益为资产总额扣除负债总额和少数股东权益后的余额。

5. 上缴税金总额

上缴税金总额包括增值税、营业税金及附加、所得税及其他税金的总和。

6. 营业收入

营业收入是指企业在生产经营活动中，由销售产品和商品、进行技术服务、提供劳务等取得的收入。

7. 利润总额

利润总额包括营业利润、投资净收益及营业外收支净额，为所得税前利润。

营业利润是指营业收入扣减成本、各种费用、流转税及附加税费的数额。

投资净收益是指投资收益扣除投资损失后的数额。

营业外收支净额为营业外收入减去营业外支出后的数额。

8. 利税总额

利税总额是税后净利润与全部上缴税金之和。

Explanatory Notes on Key Indicators

1. CAS and its institution invested enterprises

This refers to the wholly owned enterprises, holding companies and share holding companies invested by CAS and its institutions.

2. Total number of staff at work

This includes permanent and contract staff, invited engaged staff and temporary staff.

3. Minority interests

This refers to the share of the total owner's equity of the subordinate company in a group company which does not belong to the parent company. It is indicated as "Minority interests" on the merged statement of the group company accounting.

4. Total owner's equity

This refers to the total value of the assets in an enterprise after deducting all debts and minority shareholders' interests.

5. Total tax

This includes value added tax, business tax, surtax, income tax and other taxes.

6. Operating income

This refers to the income obtained by the enterprises in their production and business activities such as product sales, commodity sales, technical service and labor service.

7. Total profit

This refers to profit before income tax, including operation profit, net income from investment and non-operating profit. Operating profit refers to net income after deduction of cost, various expenditure, indirect tax and surtax. Net income from investment refers to investment income after deducting investment losses, and non-operating profit refers to non-operating income after deducting non-operating expenses.

8. Total profit from interest and tax

Total profit from benefits and tax refers to the net benefits plus total tax of enterprises.

十、院地合作

CAS AND LOCALITY COOPERATION

10-1 院地合作项目社会经济效益情况

General Statistics of CAS and Locality Cooperation Projects

年 份 Year	项目数(项) Number of projects (item)	销售收入(万元) Sales income (ten thousand yuan)	利税总额(万元) Total profits and taxes (ten thousand yuan)
2001	858	1611200	351700
2002	1415	2430975	500720
2003	3002	3124331	594917
2004	2979	3589498	676499
2005	2434	4142053	759678
2006	2522	5123678	751205
2007	3415	6233741	1018048
2008	3867	9642015	1347276
2009	5108	14035242	2165263
2010	6796	20494943	3367632

注：1. 第 10 部分表中的项目数指：自 1996 年以来中国科学院院属单位通过科技成果转化到地方企业并正在实施的合作项目的数量。

Note: The project index in section 10 refers to the data of cooperative projects transferred by CAS institutions, since 1996, to the local enterprises, and being implemented in the current years.

2. 第 10 部分表中的销售收入及利税总额指：自 1996 年以来中国科学院院属单位通过科技成果转移转化在地方企业当年产生的销售收入及利税总额。

The sales income and profits & taxes in section 10 refer to the total sales income and profits taxes generated by the projects transferred by CAS institutions, since 1996, to the local enterprises.

10-2 院地合作项目按销售收入分组(2010 年)

CAS and Locality Cooperation Projects, by Sales Income: 2010

	合计 Total	3000 万元以下 Under 30 million Yuan	3000~5000 万元 30~50 million Yuan	5000~10000 万元 50~100 million Yuan	1 亿元以上 Over 100 million Yuan
项目数(项) Number of projects (item)	6796	4188	1823	399	386
(%)	100	61.6	26.8	5.9	5.7
销售收入(亿元) Sales income (ten thousand yuan)	2049.5	156.1	135.3	256.1	1502
(%)	100	7.6	6.6	12.5	73.3

10-3 院地合作项目按分院分类(2010年)
CAS and Locality Cooperation Projects, by Branches: 2010

分院及地区 Branch and region	项目数(项) Number of projects (item)	销售收入(万元) Sales income (ten thousand yuan)	利税总额(万元) Total profits and taxes (ten thousand yuan)
总 计 Total	**6796**	**20494943**	**3367632**
北京分院(筹) Beijing Branch	1889	2097835	302726
沈阳分院 Shenyang Branch	606	2769762	475424
长春分院 Changchun Branch	200	1171856	169858
上海分院 Shanghai Branch	830	3579874	635938
南京分院 Nanjing Branch	1210	4186364	695725
合肥物质科学研究院 Hefei Institutes of Physical Sciences	419	934499	114013
武汉分院 Wuhan Branch	113	899891	121971
广州分院 Guangzhou Branch	643	3056055	373975
成都分院 Chengdu Branch	418	650127	126588
昆明分院 Kunming Branch	128	629932	283316
西安分院 Xi’an Branch	144	69426	19662
兰州分院 Lanzhou Branch	108	409887	44985
新疆分院 Xinjiang Branch	88	39435	3449

注：为充分发挥分院在院地合作中的作用，将全国31个省、市、自治区（除港、澳、台外）按分院进行了院地合作工作区域的划分，北京分院(筹)：北京市、天津市、河北省、山西省、内蒙古自治区；沈阳分院：辽宁省、山东省；长春分院：吉林省、黑龙江省；上海分院：上海市、浙江省、福建省；南京分院：江苏省、江西省；合肥物质科学研究院：安徽省、河南省；武汉分院：湖北省、湖南省；广州分院：广东省、广西壮族自治区、海南省；成都分院：四川省、重庆市、西藏自治区；昆明分院：云南省、贵州省；西安分院：陕西省、宁夏回族自治区；兰州分院：甘肃省、青海省；新疆分院：新疆维吾尔自治区。

Note: In order to bring CAS Branches into full play in the cooperation between CAS and local governments and enterprises, CAS has put this responsibility on each of its Branches covering the nation’s 31 provinces, municipalities and autonomous regions except Hong Kong, Macao, and Taiwan Regions. The main responsible areas for eath Branch are derided as followings: Beijing Area is responsible for Beijing, Tianjin, Hebei Province, Shanxi Province, Inner Mongolian Autonomous Region; Shenyang Branch for Liaoning Province, Shandong Province; Changchun Branch for Jilin Province, Heilongjiang Province; Shanghai Branch for Shanghai, Zhejiang Province, Fujian Province; Nanjing Branch for Jiangsu Province, Jiangxi Province; Hefei Institutes of physical Sciences for Anhui Province, Henan Province; Wuhan Branch for Hubei Province, Hunan Province; Guangdong Branch for Guangzhou Province, Guangxi Zhuang Autonomous Region, Hainan Province; Chengdu Branch for Sichuan Province, Chongqing, Tibet Autonomous Region; Kunming Branch for Yunnan Province, Guizhou Province; Xi’an Branch for Shaanxi Province, Ningxia Hui Autonomous Region; Lanzhou Branch for Gansu Province, Qinghai Province; Xinjiang Branch for Xinjiang Uygur Autonomous Region.

10-4 院地合作项目社会经济效益超过 10 亿元的单位(2010 年)

Institutions with Sales Income Surpassing One Billion RMB Generated from CAS and Locality Cooperation: 2010

单位名称 Names of institutes	项目数(项) Number of projects (item)	销售收入(万元) Sales income (ten thousand yuan)	利税总额(万元) Total profits and taxes (ten thousand yuan)
大连化学物理研究所 Dalian Inst. of Chemical Physics	340	1044745	188926
过程工程研究所 Inst. of Process Engineering	329	994344	151435
中国科学技术大学 University of Science and Technology of China	397	962099	339561
长春应用化学研究所 Changchun Inst. of Applied Chemistry	183	881861	117421
沈阳自动化研究所 Shenyang Inst. of Automation	233	828701	106734
金属研究所 Inst. of Metal Research	554	665760	130558
化学研究所 Institute of Chemistry	118	664820	101903
自动化研究所 Inst. Of Automation	94	571659	116714
深圳先进技术研究院 Shenzhen Institutes of Advanced Technology	90	562312	61835
沈阳应用生态研究所 Shenyang Inst. of Applied Ecology	69	548704	73773
力学研究所 Inst. of Mechanics	76	491580	48238
工程热物理研究所 Inst. of Engineering Thermophysics	55	472840	80595
成都生物研究所 Chengdu Inst. of Biology	69	460984	100597
理化技术研究所 Technical Inst. of Physics and Chemistry	180	440309	68686
合肥物质科学研究院 Hefei Institutes of Physical Sciences	167	370240	64637
广州能源研究所 Guangzhou Inst. of Energy Conversion	83	327925	46200
南海海洋研究所 South China Sea Inst. of Oceanology	28	322024	34208

续表 10-4

单位名称 Names of institutes	项目数(项) Number of projects (item)	销售收入(万元) Sales income (ten thousand yuan)	利税总额(万元) Total profits and taxes (ten thousand yuan)
上海硅酸盐研究所 Shanghai Inst. of Ceramics	82	319577	49788
电工研究所 Inst. of Electrical Engineering	81	314813	37053
山西煤炭化学研究所 Shanxi Inst. of Coal Chemistry	54	300748	50808
海洋研究所 Inst. Of Oceanology	100	300204	72121
东北地理与农业生态研究所 Northeast Inst. of Geography and Agricultural Ecology	14	298481	51991
上海有机化学研究所 Shanghai Inst. of Organic Chemistry	90	296470	56424
微生物研究所 Inst. of Microbiology	98	290564	64111
中国科学院成都有机化学有限公司 CAS Chengdu Organic Chemical Co., Ltd.	107	287668	27228
计算技术研究所 Inst. of Computing Technology	153	264764	29339
华南植物园 South China Botanical Garden	28	262470	31986
福建物质结构研究所 Fujian Inst. of Research on the Structure of Matter	19	247113	51508
长春光学精密机械与物理研究所 Changchun Inst. of Optics , Fine Mechanics and Physics	52	246952	41750
中科院广州化学有限公司 CAS Guangzhou Chemistry Co., Ltd.	41	246943	44364
兰州化学物理研究所 Lanzhou Inst. of Chemical Physics	106	220762	28168
上海生命科学研究院 Shanghai Institutes for Biological Sciences	70	215726	28997
成都山地灾害与环境研究所 Chengdu Inst. of Mountain Hazards and Environment	34	211021	20381
水生生物研究所 Inst. of Hydrobiology	34	205617	25924
近代物理研究所 Inst. of Modern Physics	33	202440	29522

续表 10-4

单位名称 Names of institutes	项目数(项) Number of projects (item)	销售收入(万元) Sales income (ten thousand yuan)	利税总额(万元) Total profits and taxes (ten thousand yuan)
中科院成都信息技术有限公司 CAS Chengdu Information Technology Co., Ltd.	100	183850	70750
亚热带区域农业研究所 Inst. of Subtropical Agriculture	11	170626	13356
半导体研究所 Inst. of Semiconductors	42	169850	6143
南京土壤研究所 Nanjing Inst. of Soil Science	70	161725	28441
上海分院 Shanghai Branch	22	159686	36555
物理研究所 Inst. of Physics	29	147052	15093
武汉物理与数学研究所 Wuhan Inst. of Physics and Mathematics	8	129923	36300
上海技术物理研究所 Shanghai Inst. of Technical Physics	85	126086	10874
宁波材料技术与工程研究所 Ningbo Inst. of Material Technology and Engineering	34	124472	17853
上海应用物理研究所 Shanghai Inst. of Applied Physics	49	111296	10926
中科院广州电子技术有限公司 CAS Guangzhou Electronics Technology Co., Ltd.	43	105900	11325
昆明植物研究所 Kunming Inst. of Botany	25	104355	14118

十一、国际合作及与港、澳、台地区交流

INTERNATIONAL COOPERATION PLUS EXCHANGES WITH HONG KONG, MACAO AND TAIWAN REGIONS

11-1 国际合作及与港、澳、台地区交流情况

International Cooperation plus Exchanges with Hong Kong, Macao and Taiwan Regions

单位: 人次 (person · time)

年份 Year	派出 CAS staff sent overseas	邀请 Visitors hosted by CAS	年份 Year	派出 CAS staff sent overseas	邀请 Visitors hosted by CAS
1950	16		1987	2216	2558
1951	11		1988	3344	3518
1952	5		1989	4077	2097
1953	53		1990	4456	2184
1954	45	3	1991	4459	2544
1955	84	84	1992	4164	2425
1956	226	204	1993	4378	2719
1957	133	248	1994	4319	1835
1958	159	345	1995	4484	2554
1959	103	302	1996	5432	2018
1960	119	192	1997	5247	2990
1961	75	27	1998	5035	2861
			1999	7237	2895
1976	147	200	2000	6622	2929
1977	217	322	2001	7304	8576
1978	587	571	2002	8460	7987
1979	784	1074	2003	7370	6730
1980	950	1760	2004	7638	11646
1981	1119	1211	2005	8153	13421
1982	1322	992	2006	8922	17481
1983	1222	1798	2007	10058	17209
1984	1827	1845	2008	8638	16480
1985	1713	3197	2009	10447	17668
1986	1310	3770	2010	11972	18814

注: 2002 年的邀请统计中包含了顺访外宾人次。

Note: The statistics of invited visitors in 2002 include the number of short visits.

11-2 国际合作及与港、澳、台地区交流邀请项目按类型分类(2010 年)

Statistics of Visitors Hosted by CAS, by Type of Exchange: 2010

单位: 人次 (person · time)

国家与地区 Country and region	按交流形式分类统计 By type of exchange						
	小 计 Subtotal	考察访问 Academic visit	合作研究 Joint research	国际会议 International conference	培 训 Training	科技展览 S&T exhibition	其 他 Others
合 计 Total	**18814**	**5002**	**3760**	**9214**	**277**	**174**	**387**
亚洲 Asia	4195	1083	729	2271	52	2	58
阿塞拜疆 Azerbaijan	10			10			
巴基斯坦 Pakistan	44	3	17	23			1
朝鲜 PDRK	62	18	14	23	7		
菲律宾 Philippines	43		2	40	1		
哈萨克斯坦 Kazakhstan	40	4	4	28	4		
韩国 Korea	540	90	77	358	10		5
吉尔吉斯斯坦 Kyrgyzstan	1			1			
柬埔寨 Cambodia	23	12	2	8	1		
卡塔尔 Qatar	3			3			
科威特 Kuwait	1			1			
老挝 Laos	20	2	5	12	1		
黎巴嫩 Lebanon	2		1	1			
马来西亚 Malaysia	96	48	11	36			1
蒙古 Mongolia	38		4	29	4		1
孟加拉国 Bangladesh	15		3	12			

续表 11-2

国家与地区 Country and region	按交流形式分类统计 By type of exchange						
	小 计 Subtotal	考察访问 Academic visit	合作研究 Joint research	国际会议 International conference	培 训 Training	科技展览 S&T exhibition	其 他 Others
尼泊尔 Nepal	46		9	27			10
日本 Japan	2013	448	429	1103	11		22
沙特阿拉伯 Saudi Arabia	28	24	1	3			
斯里兰卡 Sri Lanka	11	1		8	1		1
塔吉克斯坦 Tadzhikistan	16			13	3		
泰国 Thailand	311	174	47	88	1		1
土耳其 Turkey	21		4	17			
乌兹别克斯坦 Uzbekistan	22		11	6	2		3
新加坡 Singapore	180	80	15	83			2
伊拉克 Iraq	2			2			
伊朗 Iran	70	2	10	57			1
以色列 Israel	97	19	10	63			5
印度 India	221	39	33	141	1	2	5
印度尼西亚 Indonesia	98	34	4	59	1		
约旦 Jordan	1			1			
越南 Vietnam	115	81	15	15	4		
亚洲其他国家 Others in Asia	5	4	1				
欧洲 Europe	6804	1694	1479	3419	43	35	134
爱尔兰 Ireland	39	8	6	25			

续表 11-2

国家与地区 Country and region	按交流形式分类统计 By type of exchange					
	小 计 Subtotal	考察访问 Academic visit	合作研究 Joint research	国际会议 International conference	培 训 Training	科技展览 S&T exhibition	其 他 Others
爱沙尼亚 Estonia	3		1	2			
奥地利 Austria	63	6	18	37	2		
白俄罗斯 Belarus	48	11	10	14		13	
保加利亚 Bulgaria	2		1	1			
比利时 Belgium	121	29	26	61	3		2
冰岛 Iceland	6	6					
波兰 Poland	86	18	12	55			1
丹麦 Denmark	269	140	12	92	2		23
德国 Germany	1703	403	358	903	10		29
俄罗斯 Russia	558	78	177	293	4		6
法国 France	1059	247	249	515	5		43
芬兰 Finland	78	9	8	59	1		1
荷兰 Netherlands	327	111	62	144	1	5	4
捷克共和国 Czech Republic	87	14	23	50			
克罗地亚共和国 Republic of Croatia	3		1	2			
拉脱维亚 Latvia	4			4			
立陶宛 Lithuania	13	4		8			1

续表 11-2

国家与地区 Country and region	按交流形式分类统计 By type of exchange						
	小 计 Subtotal	考察访问 Academic visit	合作研究 Joint research	国际会议 International conference	培 训 Training	科技展览 S&T exhibition	其 他 Others
罗马尼亚 Romania	19	12	4	3			
挪威 Norway	145	69	22	54			
葡萄牙 Portugal	22	2	6	14			
马其顿 The Republic of Macedonia	1			1			
瑞典 Sweden	210	112	30	68			
瑞士 Switzerland	272	95	60	112	1		4
斯洛伐克共和国 Slovak Republic	29		2	27			
斯洛文尼亚共和国 The Republic of Slovenlia	19	4	8	7			
乌克兰 Ukraine	65	7	41	17			
西班牙 Spain	105	21	13	69	1		1
希腊 Greece	14		2	11			1
匈牙利 Hungary	28	1	10	17			
亚美尼亚 Armenia	2	1	1				
意大利 Italy	339	38	65	232	2		2
英国 England	984	248	251	441	11	17	16
欧盟 European Union	70			70			
欧洲其他国家(地区) Others in Europe	11			11			

续表 11-2

国家与地区 Country and region	按交流形式分类统计 By type of exchange						
	小 计 Subtotal	考察访问 Academic visit	合作研究 Joint research	国际会议 International conference	培 训 Training	科技展览 S&T exhibition	其 他 Others
非洲 Africa	247	29	42	163	13		
阿尔及利亚 Algeria	2			2			
埃及 Egypt	19	3		16			
埃塞俄比亚 Ethiopia	11		1	10			
博茨瓦纳 Botswana	2			2			
布隆迪 Burundi	3	1			2		
佛得角 Cape Verde	1			1			
刚果布 Congo-Brazzaville	3	1			2		
加纳 Ghana	1			1			
津巴布韦 Zimbabwe	2			2			
喀麦隆 Cameroon	3		3				
肯尼亚 Kenya	15		6	9			
卢旺达 Rwanda	1			1			
摩洛哥 Morocco	9		2	7			
南非 South Africa	34	1	5	28			
尼日尔 Niger	1			1			
尼日利亚 Nigeria	97	3	17	70	7		
塞内加尔 Senegal	1			1			

续表 11-2

国家与地区 Country and region	按交流形式分类统计 By type of exchange						
	小 计 Subtotal	考察访问 Academic visit	合作研究 Joint research	国际会议 International conference	培 训 Training	科技展览 S&T exhibition	其 他 Others
塞舌尔 Seychelles	19	19					
苏丹 Sudan	5		1	4			
坦桑尼亚 Tanzania	2	1			1		
突尼斯 Tunisia	14		7	7			
乌干达 Uganda	1			1			
赞比亚 Zambia	1				1		
北美洲 North America	5204	1458	1153	2299	130	12	152
加拿大 Canada	526	102	132	281	3		8
美国 USA	4660	1354	1020	2003	127	12	144
墨西哥 Mexico	18	2	1	15			
南美洲 South America	167	84	14	68	1		
阿根廷 Argentina	12	1	4	6	1		
巴西 Brazil	70	25	8	37			
玻利维亚 Bolivia	9			9			
哥伦比亚 Colombia	4		1	3			
哥斯达黎加 Costarica	4	2		2			

国家与地区 Country and region	按交流形式分类统计 By type of exchange						
	小 计 Subtotal	考察访问 Academic visit	合作研究 Joint research	国际会议 International conference	培 训 Training	科技展览 S&T exhibition	其 他 Others
古巴 Cuba	34	30		4			
委内瑞拉 Venezuela	2		1	1			
智利 Chile	32	26		6			
大洋洲 Oceania	612	188	146	271	2		5
澳大利亚 Australia	522	174	125	216	2		5
新西兰 New Zealand	90	14	21	55			
港澳台地区 Hong Kong, Macao and Taiwan Regions	1582	463	197	723	36	125	38
澳门 Macao	14	1		13			
香港 Hong Kong	651	247	62	206	7	125	4
台湾 Taiwan	917	215	135	504	29		34
联合国及所属机构和其他国际组织 Others in UN System	3	3					

11-3 国际合作及与港、澳、台地区交流派出项目按类型分类(2010 年)

Statistics of CAS Staff Sent Overseas, by Type of Exchange: 2010

单位: 人次 (person · time)

国家与地区 Country and region	按交流形式分类统计 By type of exchange						
	小计 Subtotal	考察访问 Academic visit	合作研究 Joint research	国际会议 International conference	培训 Training	科技展览 S&T exhibition	其他 Others
合计 Total	**11972**	**1070**	**2606**	**7689**	**253**	**29**	**325**
亚洲 Asia	3151	264	639	2085	62	4	97
阿拉伯联合酋长国 United Arab Emirates	3	1		2			
阿曼 Oman	9	1	5	3			
巴基斯坦 Pakistan	26	6	14	3			3
巴勒斯坦 Palestine	1			1			
朝鲜 PDRK	6		6				
菲律宾 Philippines	17			17			
哈萨克斯坦 Kazakhstan	17		12	5			
韩国 Korea	662	27	59	574	2		
吉尔吉斯斯坦 Kyrgyzstan	3	3					
柬埔寨 Cambodia	10	3	6	1			
卡塔尔 Qatar	4			4			
老挝 Laos	10	6		3	1		
马来西亚 Malaysia	44		4	36	4		
蒙古 Mongolia	45	7	33	5			

续表 11-3

国家与地区 Country and region	按交流形式分类统计 By type of exchange						
	小 计 Subtotal	考察访问 Academic visit	合作研究 Joint research	国际会议 International conference	培 训 Training	科技展览 S&T exhibition	其 他 Others
孟加拉国 Bangladesh	13			13			
缅甸 Myanmar	3	2		1			
尼泊尔 Nepal	62	7	13	41	1		
日本 Japan	1515	134	379	935	43	2	22
塞浦路斯 Cyprus	5			5			
沙特阿拉伯 Saudi Arabia	6	3	1	2			
斯里兰卡 Sri Lanka	66						66
塔吉克斯坦 Tajikistan	7		7				
泰国 Tailand	80	3	17	58			2
土耳其 Turkey	83		3	80			
新加坡 Singapore	211	28	46	128	5		4
叙利亚 Syria	4	3	1				
伊朗 Iran	8		8				
以色列 Israel	49	13	10	24		2	
印度 India	94	4	12	74	4		
印度尼西亚 Indonesia	30	3		25	2		
约旦 Jordan	2			2			
越南 Vietnam	55	9	3	43			
亚洲其他国家 Others in Asia	1	1					

续表 11-3

国家与地区 Country and region	按交流形式分类统计 By type of exchange						
	小 计 Subtotal	考察访问 Academic visit	合作研究 Joint research	国际会议 International conference	培 训 Training	科技展览 S&T exhibition	其 他 Others
欧洲 Europe	3747	382	1106	2043	125	19	72
爱尔兰 Ireland	25	1	3	20			1
爱沙尼亚 Estonia	3	2		1			
奥地利 Austria	81	11	12	57	1		
白俄罗斯 Belarus	24	19	5				
保加利亚 Bulgaria	10			10			
比利时 Belgium	53	7	14	31			1
冰岛 Iceland	2	1		1			
波兰 Poland	73	9	13	49			2
丹麦 Denmark	81	17	20	43			1
德国 Germany	841	82	265	424	31	10	29
俄罗斯 Russia	253	35	148	66	4		
法国 France	626	63	204	315	32		12
芬兰 Finland	48	1	22	22	2		1
荷兰 Netherlands	131	19	29	79	2		2
捷克共和国 Czech Republic	57	1	10	46			
克罗地亚共和国 Republic of Croatia	1			1			

国家与地区 Country and region	按交流形式分类统计 By type of exchange						
	小 计 Subtotal	考察访问 Academic visit	合作研究 Joint research	国际会议 International conference	培 训 Training	科技展览 S&T exhibition	其 他 Others
拉脱维亚 Latvia	1		1				
立陶宛 Lithuania	5			5			
罗马尼亚 Roumania	6		1	5			
马耳他 Malta	2			2			
挪威 Norway	72		17	48			7
葡萄牙 Portugal	24		1	23			
瑞典 Sweden	110	3	45	55	5		2
瑞士 Switzerland	180	20	60	90	8		2
斯洛伐克共和国 Slovak Republic	2			2			
斯洛文尼亚共和国 Republic of Slovenia	19		8	10			1
乌克兰 Ukraine	22	4	10	8			
乌兹别克斯坦 Uzbekistan	16	3	13				
西班牙 Spain	109	2	15	86	4		2
希腊 Greece	67	8	4	51		4	
匈牙利 Hungary	55	1	20	32		2	
意大利 Italy	290	33	54	188	15		

续表 11-3

国家与地区 Country and region	按交流形式分类统计 By type of exchange						
	小 计 Subtotal	考察访问 Academic visit	合作研究 Joint research	国际会议 International conference	培 训 Training	科技展览 S&T exhibition	其 他 Others
英国 England	458	40	112	273	21	3	9
非洲 Africa	149	9	9	108	1		22
阿尔及利亚 Algeria	16			2			14
埃及 Egypt	37	2		31			4
埃塞俄比亚 Ethiopia	3			3			
肯尼亚 Kenya	13	2	2	9			
马达加斯加 Madagascar	3	3					
马拉维 Malawi	1			1			
摩洛哥 Morocco	4			3			1
南非 S.Africa	62	2	7	50			3
尼日利亚 Nigeria	3			3			
坦桑尼亚 Tanzania	1				1		
突尼斯 Tunisia	3			3			
乌干达 Uganda	1			1			
赞比亚 Zambia	2			2			

续表 11-3

国家与地区 Country and region	按交流形式分类统计 By type of exchange						
	小 计 Subtotal	考察访问 Academic visit	合作研究 Joint research	国际会议 International conference	培 训 Training	科技展览 S&T exhibition	其 他 Others
北美洲 North America	2797	192	569	1941	35	4	56
加拿大 Canada	268	14	57	176	1		20
美国 USA	2508	178	511	1746	34	4	35
墨西哥 Mexico	21		1	19			1
南美洲 South America	109	8	13	84			4
阿根廷 Argentina	27	2	2	23			
巴拿马 Panama	4		1				3
巴西 Brazil	50	5	2	42			1
哥伦比亚 Colombia	8			8			
哥斯达黎加 Costarica	7		3	4			
古巴 Cuba	2	1		1			
秘鲁 Peru	10		5	5			
智利 Chile	1			1			
大洋洲 Oceania	591	53	109	386	18		25
澳大利亚 Australia	523	49	104	331	17		22
新西兰 New Zealand	68	4	5	55	1		3

续表 11-3

国家与地区 Country and region	按交流形式分类统计 By type of exchange						
	小 计 Subtotal	考察访问 Academic visit	合作研究 Joint research	国际会议 International conference	培 训 Training	科技展览 S&T exhibition	其 他 Others
南极洲 Antarctica	9	4	3				2
南极 South Pole	9	4	3				2
北极洲 Arctic	5	5					
北极 North Pole	5	5					
港澳台地区 Hong Kong, Macao and Taiwan regions	1410	152	158	1042	12	2	44
澳门 Macao	59	15	1	42			1
香港 Hong Kong	527	47	97	355	9	2	17
台湾 Taiwan	824	90	60	645	3		26
其他 Others	4	1					3

11-4 在国际组织任职人员情况 (2010.12)

Statistics of CAS Professionals Holding Posts in Various International Organizations: (December, 2010)

	人数 Person		人数 Person
一、在国际组织任职人员分布情况 International organizations in which CAS professionals hold posts	695	国际催化学会联盟 International Association of Catalysis Societies (IACS)	1
发展中国家科学院 The Academy of Sciences for the Developing World (TWAS)	154	国际动物学会 The International Society of Zoological Sciences (ISZS)	2
国际天文学联盟 International Astronomical Union (IAU)	5	亚洲科学院协会 Association of Academies of Sciences in Asia (AASA)	1
国际山地综合开发中心 International Center for Integrated Mountain Development (ICIMOD)	2	国际心理学联合会 International Union of Psychological Science (IUPsyS)	3
联合国教科文组织 United Nations Educational, Scientific and Cultural Organization (UNESCO)	4	其他国际组织 Other international organizations	486
国际自然与自然资源保护联盟 International Union for Conservation of Natural Resources (IUCN)	12	二、其中在国际组织担任重要职务情况 Of which, major posts held by CAS professionals	176
国际纯粹与应用化学联盟 International Union of Pure and Applied Chemistry (IUPAC)	5	主席 President	49
国际纯粹与应用物理学联盟 International Union of Pure and Applied Physics (IUPAP)	6	副主席 Vice President	40
国际地圈生物圈计划 The International Geosphere Biosphere Program (IGBP)	6	常务理事 Executive Council Member	71
国际科学理事会 International Council for Science(ICS)	3	国家代表 National Representative	9
国际第四纪研究联盟 International Union for Quaternary Research (INQUA)	3	秘书长 Secretary-General	7
国际科学院委员会 Interacademy Council (IAC)	1	三、在国际组织任职人员中的院士人数 Number of CAS and CAE members who hold international organization posts	142
国际科学院组织 Interacademy Panel on International Issues (IAP)	1		

十二、文献情报、图书出版

DOCUMENTATION, INFORMATION AND PUBLICATION

12-1 文献情报系统馆藏文献情况

Statistics of Documentation Collected by CAS Documentation and Information System

单位: 万册 (ten thousand volumes)

年 份 Year	文献收藏总量 Total collection		图书 Books			期刊 Periodicals			其他文献 Others
		其中: 国家科学图书馆总分馆藏书量 Of which: Total books collected by NSL and 3 Branches	合计 Total	中文 Chinese	外文 Foreign languages	合计 Total	中文 Chinese	外文 Foreign languages	
1950	63	34	51			12	6	6	
1955	272	118	182	115	67	88	26	62	2
1959	813	413	484	347	137	314	81	233	15
1965	1542	849	851	608	243	664	221	433	27
1978	867	692	367	184	183	193	102	91	307
1981	1753	876	668	354	314	679	190	489	406
1985	2104	962	600	312	288	1089	352	737	415
1988	2935	1240	679	359	320	1809	367	1442	447
1990	2565	1033	836	402	434	1729	357	1372	530
1991	3306	1269	810	392	418	1834	396	1438	662
1992	3032	1446	821	402	419	1553	353	1200	658
1993	3006	1450	786	409	377	1563	364	1199	657
1994	3032	1224	791	456	335	1592	368	1224	649
1995	3632	1232	768	394	374	2236	533	1703	628
1996	3700	1248	764	405	359	2316	549	1767	620
1997	3673	1271	681	339	342	2366	567	1799	626
1998	3606	1345	586	282	304	2295	540	1754	726
1999	4150	1358	629	322	307	2180	564	1616	1342
2000	3807	1365	782	450	332	2183	555	1627	843
2001	3624	1377	741	431	311	2037	538	1499	846
2002	3284	1105	678	416	263	1739	522	1216	868
2003	3194	1432	691	390	301	1713	551	1162	790
2004	3432	1667	711	402	309	1897	556	1341	824
2005	3311	1714	692	394	298	1894	566	1328	725
2006	3327	1369	663	375	288	1943	617	1326	721
2007	3341	1527	681	393	288	1790	525	1265	870
2008	3322	1524	642	375	267	1733	514	1219	947
2009	3923	1506	485	245	240	2528	531	1997	910
2010	4045	1614	486	245	241	2589	543	2046	970

注：1. 中国科学院国家科学图书馆(筹)。

Note: National Science Library, Chinese Academy of Sciences.

2. 中国科学院文献情报系统包括中国科学院国家科学图书馆总馆、分馆和研究所文献情报机构。
CAS documentation and information system includes NSL, 3 Branches and documentation and information services in the institutes of CAS.

12-2 数字文献资源建设(2010 年)
Digital Documentation Resources: 2010

	开通数据库(种) Accessible data bank (title)		全文期刊(种) Full-text periodicals (title)		自建数据库(种) Independent data bank (title)	
	二次文献数据库 Secondary document bank	全文数据库 Full-text data bank	外文 Foreign languages	中文 Chinese	文献库 Document bank	非文献库 Non-document bank
总 计 Total	**33**	**283**	**15115**	**38820**	**104**	**39**
其中：国家科学图书馆总分馆 Of which: Collected by NSL and 3 Branches	16	149	12881	10900	17	3

12-3 文献情报系统馆藏图书、期刊情况(2010 年)
Statistics of Books and Periodicals Collected by CAS Documentation and Information System: 2010

单位: 万册 (ten thousand volumes)

	合 计 Total	中 文 Chinese	西 文 Western languages	日 文 Japanese	俄 文 Russian	其 他 Other languages
图书总册数 Total number of books	**486**	**245**	**165**	**22**	**53**	**1**
其中: 国家科学图书馆总分馆 Of which: Collected by NSL and 3 Branches	166	77	50	12	26	1
期刊总册数 Total items of periodicals	**2589**	**543**	**1782**	**138**	**124**	**2**
其中:国家科学图书馆总分馆 Of which: Collected by NSL and 3 Branches	830	284	402	81	62	1

12-4 文献情报系统馆藏其他文献情况(2010 年)

Statistics of Other Documents Collected by CAS Documentation and Information System: 2010

	古籍(册) Ancient books (volume)	学位论文(篇) Theses (article)	会议录(册) Proceedings (volume)	专利文献(件) Patents (item)	照片图纸(张) Photos and blueprints(frame)	科技报告(篇) S&T report (article)
总 计 Total	**627812**	**1712689**	**210499**	**2369822**	**1747247**	**361953**
其中: 国家科学图书馆总分馆 Of which: Collected by NSL and 3 Branches	477079	1631490	188319	2355956	2010	245114

	成果资料(件) Achievement documents (item)	标准文献(件) Standard documents (item)	音像制品(盒) Audio-visual document (box)	缩微制品(盒) Microform (box)	其他(件) Others (item)	
总 计 Total	**42516**	**128003**	**67363**	**1270154**	**409400**	
其中: 国家科学图书馆总分馆 Of which: Collected by NSL and 3 Branches		19148	54673	1217008		

12-5 文献情报系统情报服务情况(2010 年)

Documentation Services Provided by CAS Documentation and Information System: 2010

	文献流通(册·次) Documents circulated (volume·time)	馆际互借(册·次) Inter-library loans (volume·time)	全文传递(篇) Document delivery (article)	全文库下载量(篇) Full-text download (article)	网络服务(点击次数) Services of a network (time)	国际交换(册) International document exchange (volume)	文献复制(页) Document reproduction (page)	到所培训/读者培训(次) On-site /User trainning (time)
总 计 Total	**1553266**	**11766**	**206509**	**33014803**	**45934191**	**14307**	**3416428**	**64457**
其中: 国家科学图书馆总分馆 Of which: Collected by NSL and 3 Branches	1215758	3765	74439	31960000	38672125	4794	1553200	654

12-6 文献情报系统情报加工与服务情况(2010 年)

Information Processing and Services Provided by CAS Documentation and Information System: 2010

	情报服务 Information services			二次文献加工 Secondary information processing		情报调研报告(篇) Information analysis reports (article)
	专题咨询(次) Special subject consultation (time)	文献检索(条) Documentation retrieval (item)	科技查新(项) Novelty-searching (item)	文摘(条) Abstract (item)	数据库数据加工(条) Data processing (item)	
总 计 Total	**18120**	**40641**	**2369**	**1042659**	**133729035**	**524**
其中: 国家科学图书馆总分馆 Of which: Collected by NSL and 3 Branches	7236	5185	1627	956708	133445030	285

12-7 图书
Classification of

年 份 Year	合 计 Total		科学出版社 Science Press		
	初版(种) First edition (title)	重版(种) Republication (title)	初版书 First edition		
			种 (title)	万字 (ten thousand Chinese characters)	万册 (ten thousand volumes)
总 计 Total	**43862**	**42388**	**41292**	**1610058**	**36239**
1950~1954	238		238	3157	106
1955~1965	3301	1557	3301	71427	1396
1966~1970	172	126	172	4834	188
1971~1977	892	177	892	21508	3981
1978~1985	3140	748	3140	89744	5867
1986~1990	2707	479	2480	76280	1758
1991	483	176	396	14624	289
1992	541	136	465	15680	599
1993	618	113	465	17125	399
1994	678	209	608	22448	441
1995	605	247	505	20309	542
1996	653	318	534	17799	466
1997	610	540	515	17495	509
1998	868	822	791	27370	827
1999	1168	918	1068	66681	1088
2000	1283	1211	1180	54273	1209
2001	1335	1549	1215	56990	948
2002	1519	1827	1377	59359	1711
2003	2149	2605	1982	75112	2056
2004	2982	3175	2877	111849	2589
2005	2602	3678	2500	99628	1517
2006	2490	3295	2344	97995	1596
2007	2559	3895	2447	111446	1331
2008	3183	3486	3015	132087	1469
2009	3553	5174	3383	165253	1598
2010	3533	5927	3402	159585	1759

重版书 Republication		中国科学技术大学出版社 University of Science and Technology of China Press				
		初版书 First edition			重版书 Republication	
种 (title)	万册 (ten thousand volumes)	种 (title)	万字 (ten thousand Chinese characters)	万册 (ten thousand volumes)	种 (title)	万册 (ten thousand volumes)
40994	**55982**	**2570**	**99655**	**2228**	**1394**	**1037**
1557	452					
126	26					
177	1547					
748	2483					
436	365	227	7130	256	43	78
133	129	87	2659	60	43	100
109	271	76	2822	51	27	32
85	65	153	4597	653	28	25
137	149	70	2586	44	72	70
167	376	100	3651	78	80	94
270	493	119	4550	100	48	60
481	1089	95	4244	68	59	78
783	1100	77	3185	44	39	36
902	1200	100	4622	53	16	11
1169	1259	103	4043	41	42	20
1471	2787	120	4804	50	78	35
1755	3910	142	5434	75	72	36
2546	4663	167	6869	88	59	39
3124	4844	105	4460	48	51	23
3614	4198	102	4401	79	64	38
3213	4252	146	5700	66	82	33
3785	4333	112	4742	41	110	44
3390	4478	168	6551	63	96	41
5018	5635	170	7464	230	156	74
5798	5878	131	5141	40	129	70

12-8 图书出版情况(2010 年)
Classification of Books Published: 2010

单位: 种数 (title)

学科及书类 Field and type	合 计 Subtotal	科学出版社 Science Press	中国科学技术大学出版社 University of Science and Technology of China Press
总 计 Total	**9460**	**9200**	**260**
一、按学科分 By field			
数学、力学 Mathematics & mechanics	783	756	27
物理 Physics	212	194	18
化学 Chemistry	301	293	8
天文学 Astronomy	1		1
地学 Earth sciences	235	234	1
生物学 Biological sciences	503	490	13
技术科学 Technological sciences	1983	1922	61
综合类 Comprehensive	5442	5311	131
二、按书类分 By type			
专著 Monographs	1442	1414	28
基础理论 Basic theory	415	381	34
论文集 Collected works	100	93	7
应用技术 Applied technology	671	517	154
基本资料 Basic information	128	116	12
工具书 Reference books	43	43	
科普 Popular science	231	227	4
综述评论 Reviews	31	31	
其他 Others	6399	6378	21

12-9 自然科学期刊分类情况(2010 年)
Classification of Periodicals in Natural Sciences: 2010

单位: 种数 (title)

	总 计 Total	学 术 Academic journals	技 术 Technological journals	检 索 Retrieval journals	科 普 Popular science	指 导 Instructional journals
一、期刊总数 Total number of periodicals	332	267	25	3	26	11
二、刊期 Frequency						
周刊 Weekly	1				1	
旬刊 Three issues per month	3	2				1
半月刊 Semimonthly	8	3			5	
月刊 Monthly	128	97	12	1	14	4
双月刊 Bimonthly	136	117	11	2	3	3
季刊 Quarterly	54	46	2		3	3
半年刊 Semiannually	2	2				
二、学科 Field						
综合 Comprehensive	33	18			6	9
数学 Mathematics	18	16	1	1		
力学 Mechanics	9	9				

续表 12-9

	总 计 Total	学 术 Academic journals	技 术 Technological journals	检 索 Retrieval journals	科 普 Popular science	指 导 Instructional journals
物理学 Physics	30	25	4		1	
化学 Chemistry	26	25	1			
天文学 Astronomy	9	7	1		1	
地学 Earth sciences	56	51			5	
生物学 Biological sciences	55	49		1	5	
农学 Agriculture sciences	6	5	1			
环境科学 Environmental sciences	18	17	1			
技术科学 Technological sciences	63	42	14	1	6	
其他 Others	9	3	2		2	2

注: 其中英文版期刊 71 种。

Note: There are 71 journals published in English.

(G-2156.0101)

ISBN 978-7-03-032672-0